What the p

Obe Postma

What the poet must know

An anthology

Translation Anthony Paul

Selection and introduction Jabik Veenbaas

2004

The publication of this book was made possible by grants from
Douwe Kalma Stifting, Ljouwert
Provinsje Fryslân

What The Poet Must Know is published in association with
Tresoar
Frysk Histoarysk en Letterkundich Sintrum
Ljouwert / Leeuwarden
The Netherlands
www.tresoar.nl

The photograph on Page 2 was probably
taken in 1911 and is from the Tresoar collection.

Cover: *Summer Landscape* by Dinie Boogaart, oil on canvas,
100 x 120cms, 2000
www.dinieboogaart.nl

ISBN 1-904440-40-1

2004
Printed and bound by Antony Rowe Ltd, Eastbourne

A publication of Tresoar
Frysk Histoarysk en Letterkundich Sintrum
Ljouwert / Leeuwarden
The Netherlands

Introduction

Obe Postma's all-embracing soul

Obe Postma (1868–1963) was born in the Frisian village of Koarnwert (Dutch: Cornwerd), on the shores of what was then still called the Zuiderzee. He studied mathematics and physics in Amsterdam, taking his doctorate in 1895 under the supervision of J.D. van der Waals, who won the Nobel Prize in 1910. Postma became a respected figure in the world of science and was in contact with the most important Dutch scientists of his time.

Postma was to owe his greatest fame not to his scientific work, however, but to his poetry in the Frisian language. He wrote his first poems in about 1900 and built up a large body of work during his long life, gradually acquiring an enduring reputation not only in Friesland but within the context of Dutch culture. As recently as 1997 a generous selection of his work appeared in Dutch translation, entitled *Van het Friese land en het Friese leven*; this soon achieved a second printing, and received much attention in the Dutch national press. In 1998, for the first time, a selection of his work appeared in a German translation.

Postma's poetic beginnings are firmly rooted in Romanticism. Early influences on his work include the Dutch poets Herman Gorter and Albert Verwey, as well as the English poet William Wordsworth. Herman Gorter had written a great epic poem, *Mei*, in which such themes as youth, spring and mortality are situated in a thoroughly Dutch landscape. It was probably Gorter who inspired Postma to use the Frisian landscape of his youth, with its meadows, waterways and little villages, as the setting for his poems. The sober, down-to-earth tone of Gorter's masterpiece must also have appealed to him.

In his early collections in particular Postma took delight in returning to his early years. 'A child's delight in all of human life, / That is the happiness which I hold dear', he wrote in the poem 'Childhood', in which he refers fondly to the intensity with which the child takes in the world around him, and to his unbounded appetite for new experiences. In another poem, 'Autumn', he describes how on a quiet, dark Sunday he directs his thoughts to life as it was lived in the village of his childhood: 'How the old life lives on in me. Yonder I see / The autumn....' And then come concrete descriptions of that life.

For Postma such memories are, however, invariably taken up in a moment of poetic-philosophical reflection. In the closing stanza of 'Autumn' he refers to the meaning of his memories, to the task they set him: 'Oh to know the people in me, whom I feel and bear! / Without a print of deed my work won't find its goal!' The contemplation and poetic processing of 'deed' – the lives and activities of the villagers – give meaning to his existence. 'Childhood' concludes in a similar vein:

> And all those miracles life had to give,
> Riches in an unending copious flow,
> Across long years sometimes project their light,
> A moment with the same bright golden glow.

The English-speaking reader of these lines will not be surprised to learn that Postma loved the poetry of Wordsworth, the poet whose 'Intimations of Mortality' were drawn from 'Recollections of Early Childhood':

> We will grieve not, rather find
> Strength in what remains behind;
> In the primal sympathy
> Which having been must ever be;

Postma's work is from the start remarkably spontaneous and natural. Take for instance the third stanza of 'Autumn'. Everything the poet says in these lines he could have said in almost the same words in a nostalgic conversation with a fellow-Frisian; together they remember everything that is going on at this moment in their native village. 'Can't you just see it?' says one to the other, 'the children are now coming home from Sunday school', and then he follows them with the words 'Along the muddy causeway, and across the fields of kale'. The naturalness of the line corresponds precisely to its content. What do children do when they leave their catechism class? They walk home. And how do they do that? Playing as they go, they follow a path which in a child's eyes seems almost endless. The conversational Postma expresses this childish endlessness by stretching the line out to be a couple of syllables longer than normal. The reader can follow the children in his mind's eye 'Along the muddy causeway, and across the fields of kale.'

It is then not surprising that the modern, free, 'speaking' style gradually assumed a more central place in Postma's poetry. The speaking-technique in fact followed logically from the technical credo already embodied in his first verses.

In that conversational speaking voice he composed such marvellous poems as 'What the poet must know', 'When I am borne to my grave' and 'All the delights of my life'. The first of these has for many years been one of my favourite poems; it moves me at every rereading. Somehow or other Postma succeeded in compressing the essence of a whole life into this poem.

It begins with a question put by the poet himself. In referring to 'the nights of which Rilke spoke' he may have been thinking of *The Duino Elegies*, in which the night is given such importance. He also refers to another life-experience which some call essential: witnessing the birth of a child of one's own.

Night was not of great importance to Obe Postma. 'Light' is a key-word in his poetry; it is hard to think of a poet who concentrates more strongly on the sunny side of life. And he never experienced the birth of his own child, remaining a bachelor all his life, probably because of his homosexual orientation, to which he only seldom, and indirectly, refers in his poems.

The poet brings powerful weapons to bear on himself before going on to formulate his own hesitant defence. 'Would it be any use to him,' he cautiously asks, 'that he had when young known miracles?' A list of these miracles follows. They are simple experiences, such as every countryman knows. The poet first observes, probably through the eyes of a boy, how the interior of a cowshed is constructed, and then describes how the boy himself begins to build. The following stanza celebrates the abundance of fruits the earth provides. That miracle too he experienced as a child. Then in the fourth stanza he reviews, in interrogative sentences, all the beauties of the village that he knew in his youth: the cowhouse, the barn, the fisherman's houses with their low, smoke-blackened lofts.

Having named all these things, the poet can give a confident answer to the question he asked himself in the first stanza:

> And O! if the nights are not there, there are the days
> With the love of the light sky
> And all the warm glow of the earth!
> And if the woman is not there who carried life
> There is the mother who will always give it,
> Soul that embraces generations.

The poem's construction is like that of a symphony: In the first lines the theme is hesitantly presented: we hear the piccolo playing very softly, and barely realise that it is presenting thematic material. The theme is subtly developed: woodwind and brass alternate, and the first velvety violins come in. The main theme is then stated for the first time, forte: 'the miracle of nature's abundance' is described. But now the composer restrainedly takes back his outburst, and the opening theme is played again with individual instruments: again we hear the piccolo, the woodwind and the brass. The final chords make it clear that the composer has restrained himself purely in order to allow the finale to come across more effectively – the full orchestra is brought in, fortissimo, with all the basses and cellos, the full brass section and fiery percussion. When these chords have sounded the public sits motionless and stunned, only after several seconds of intense silence exploding into applause.

We often find a similar structure in Postma's poems. To begin with he appears to be diffident and to regard himself ironically. But as the poem progresses hesitation and self mockery gradually give way to a deep seriousness. This can be seen, for instance, in the fine poem 'At Harns', in whose opening lines he refers to the journeys made by Goethe and Rilke to Italy and Russia, and goes on to declare, apparently mockingly, 'I have been to Harns late in life'. In the course of the poem he makes it clear that the little coastal town that he visited contains everything that life is about. The last line is: 'Holland! The sea! The sea!'; the small town lies on the infinitely vast sea, which the Greeks led by Xenophon greeted with this same ecstatic cry.

Postma was not interested in things that were large and important in the eyes of the world, but in small and apparently insignificant matters. He has an affinity with the American poet Emily Dickinson, and actually translated some of her work. She too gave intense attention to small things. Consider for instance her famous poem 'To make a prairie it takes a clover and one bee....' Just as for Dickinson 'a clover and one bee' were enough to call up a 'prairie' and thus a whole world, so Postma saw in his poem 'Community' the endless greatness of 'The ditch where frogbit grows, / The trampled bank with scanty grass....'

The reader can almost reach out and touch the clover and the little flowers in 'Community'. Postma never loses sight of the concrete, and his way of working invariably provides a fascinating tension between the specific image and a panoramic view. Postma is just like a man standing on a tower and surveying the countryside through a pair of field-glasses. Now he focuses on a flower, now on a cow or a farmer bringing in the hay. But he doesn't take away the field-glasses to survey the whole view at once with the naked eye. Instead, he puts down, one by one, the things he has seen through the magnifying lens, from a viewpoint above the subjective.

Postma wrote verse soberly, with unforced technical means, taking a simple setting and simple things – a meadow, a village, a ditch-bank, a labourer's house. He sought happiness and harmony, the all-elevating light, the all-embracing soul. He himself gave a voice to that soul, when

9

he put things down, one next to the other, from his all-embracing point of view. He did so with apparent modesty and sense of proportion, but his modesty was in fact very proud and self-confident. For Postma knew that his ditch-bank, his cowshed and his fisherman's houses were just as interesting as the Empire State Building. Thanks to Anthony Paul's fine translations anyone able to read English can now also know this.

Jabik Veenbaas

Frisian language and literature

Frisian, Postma's tongue, is one of the lesser used languages of Europe. In daily life it is spoken by approximately 450,000 people in the Dutch province of Fryslân (Dutch: 'Friesland'). It is considered to be the only first cousin of English within the family of Germanic languages. Literary tradition in the language began with the Renaissance poet, Gysbert Japiks (1603–1666). He inspired many a poet after him, especially in the 19th century, when writers turned to the vernacular as a means of literary expression. From the 19th century onwards poetic tradition in Frisian became firmly established, forming a small but steady flow among the major streams of poetry in the Western World. From the very beginning Frisian poets have made translations from other languages; Postma is no exception to that rule.

About this anthology

Below is a list of collections of poetry by Postma. He wrote about 350 poems, nearly all of which were published in the second edition of his 'Collected poems' in 1978. The selection presented here differs slightly from the important bilingual anthology in Frisian and Dutch that appeared in 1997.

Postma generally indicated the year in which a poem was written; such also is the practice in this book. When the year of writing is not known, the year of first publication has been indicated between square brackets.

The spelling of Frisian follows the rules established by the Provincial Government since 1980, save in cases where it is necessary to accommodate certain peculiarities and ambiguities in Postma's use of language.

Books of poetry by Obe Postma
Fryske lân en Fryske libben. Snits 1918
   Frisian land and Frisian life
Fryske lân en Fryske libben. Snits 1923
De ljochte ierde. Snits 1929
   The light earth
Dagen. Snits 1937
   Days
It sil bistean. Snits 1946
   It lives on
Samle fersen. Snits 1949
   Collected poems
Fan wjerklank en bisinnen. Drachten 1957
   On resonance and reflection
Eigen kar. Drachten 1963
   Own choice
Samle fersen. Baarn/Ljouwert 1978
   Collected poems

Anthologies

Van het Friese land en het Friese leven. Fan it Fryske lân en it Fryske libben.
A bilingual anthology in Dutch and Frisian by Ph.H. Breuker and Jabik Veenbaas, Amsterdam 1997

Fryslân! De wrâld!. Friesland! Die Welt!.
A bilingual anthology in German and Frisian of poetry by Obe Postma and of poetry by Tsjêbbe Hettinga, collected and translated by Ard Posthuma, Babs Gezelle Meerburg and Ronald Noppers, Tübingen 1998

Some Frisian topographical names and their equivalents in Dutch

Easterbierrum –   Oosterbierum
Fryslân –   Friesland
Harns –   Harlingen
Inglum –   Engelum
Koarnwert –   Cornwerd
Ljouwert –   Leeuwarden
Penjum –   Pingjum
de Ryp –   Dronrijp
Skraard –   Schraard
Skuzum –   Idsegahuizum
Snits –   Sneek
Wûns –   Wons

About the translators

Anthony Paul (1941) studied English language and literature at Oxford and from 1972 to 2002 taught translation studies and English literature at the University of Amsterdam. His published works include three novels, a children's book and a study of Shakespeare. He has written many literary articles and book reviews and has done a good deal of translation, mainly from Dutch into English. Since retiring from university teaching he has pursued a new career as a painter.

Jabik Veenbaas (1959) studied English, philosophy and Frisian in Amsterdam. He has published fiction and poetry in Frisian and writes literary reviews for the *Leeuwarder Courant* and various literary magazines, mainly on Frisian literature. By profession he is a translator: he has translated a considerable amount of poetry from the Frisian and the English into Dutch; at the moment he is working at the translation of a selection of Walt Whitman's poetry.

Contents

What the poet
must know

Wat de dichter
witte moat

Ik tink oan dy wei troch it blommige lân,
Wêr't de wite klimmerplant bloeit,
Nei it doarp mei syn lytse tuorkespits
En syn pleatsen yn 't beamt begroeid.

Hoe nij en hoe rom dy jongeswrâld!
En hy plôke it wite blomt,
En sei syn wurden yn 'e âlde taal,
Wêrtroch men ta wiisheid komt.

O jonge niget fan trettjin jier!
Foar dy is de wiisheid net eang,
Hja laket sa wyt en rint om dy ta
En jout dy eltse ding.

Mar letter, myn boike, dan wurdt it oars,
Dan komste har net mear benei,
Hja wurdt sa skruten, al mienst it sa,
En swalkest en krûpste har nei.

En ik tink oan dy wei troch it blommige lân
En glimkje om bernedream;
Och minskewrâld komt en wurdt wer wei
As tearen fan in stream.

1907

I think of that road through the blossoming field,
Where the white convolvulus flowers,
To the village with its little steeple
And its homesteads with their green bowers.

How new and how vast the world of that boy!
And he plucked the white petals around,
And said the words in the ancient tongue
Through which wisdom may be found.

Oh young love of thirteen years!
Wisdom's at home with you,
She laughs so gaily and flows round your sides,
And has many gifts for you, too.

But later, my boy, it's another thing,
No longer may you come near;
You beg and you crawl, but she's so shy,
Even though you are so sincere.

And I think of that road through the blossoming field
And smile at a children's dream;
Ah, a human world forms and fades away
Like ripples on a stream.

It wie in stille snein, wat tsjuster en wat wiet;
Fan 't beamte, yn hjerstgiel blêd, foel sêft de rein oer 't paad.
Wer thús by smoute hurd seach 'k út nei grize loft;
It wetter song, en harkjend waard 'k nei Fryslân laat.

Hoe libbet yn my 't âlde libben fuort. Ik sjoch
De hjerst dêrjinsen: 't fee stiet op 'e stâl en leech
Is 't weake lân. By bûthúsdoar leit heech it gers,
De kowewazem lûkt troch d' iepen doar omheech.

Ut fragelearen komm' de bern; by dom'ny wei
De bou oer, wêr't de rapen stean, nei hûs troch smoarge daam.
't Is djirheintiid. Troch 't bûthús rattelt lûd it kret,
In sturttou giselt en mei amers slacht de faam.

Sa skrept op eltse pleats it folk. Hoe't ik har sjoch
En 't hele dwaan no foar my ha, hja witte it net.
As master dy't syn folk oan 't wurk set, fiel ik my;
Hja meltse en boarne en wrotte stil, omdat 't sa heart.

Mar myn ferlangst is mear: ik moat de sielen sjen,
De rin fan 't libben en fan minsken al 't bestean.
O, 't folts yn my te witten, dy it kin en draach!
En sûnder print fan died net út it wurk te gean!

1909

It was a quiet Sunday, somewhat dark and damp;
From autumn-yellow trees descended gentle rain.
Back at my cosy fireside I looked out on grey air;
The water sang and, listening, I was in Friesland again.

How the old life lives on in me. Yonder I see
The autumn: the cattle are inside; all wet
And bare is the field. Next to the door the grass lies piled,
The cattle-steam reeks up out of the shed.

The children are now coming home from Sunday school,
Along the muddy causeway, and across the fields of kale.
It's feeding time. The muck-tray rattles through the shed.
A tail-rope flaps. The girl is clattering her pails.

Everywhere farmers toil like this. None of them knows
That I can see and follow all their daily deeds.
I feel just like a boss who has set his folk to work!
They milk and feed and muck since that's how it must be.

For me that's not enough; I must see human souls,
All of life's course, and men and women whole.
Oh to know the people in me, whom I feel and bear!
Without a print of deed my work won't find its goal!

No seach 'k fan 'e middei oan 'e kant fan it paad
Dochs weven en triljen de raaien,
En fan 't miedlân kaam as pypkaniel
De rook fan it hea oanwaaien.

Myn freonen, dat is de simmer wol,
En 'k moat oan Fryslân tinke!
Fan 't fûlste libben is it de tiid
En âlde bylden winke.

No is der yn 't Fryske lân gjin rêst;
De mieren lûke oan 'e seine,
Oan 'e wudze skreppe de swilers sa:
Yn 'e ûngetiid moat it eine.

De skuorredoarren litt' amper troch
De hege, kante weiden,
En de grutte gollen rize sa
Fan 'e kostle frucht fan 'e greiden.

Yn it hôf allinne is it stil
En swiet wol it dêr rêste;
Dêr jout him no de dichter del
En hat fan 'e simmer it bêste.

De flearebeammen blomkje sa swiid
Troch de hearook rûkt it hinne;
Yn 'e blommetún pronkje de leeljes sa
En de roazen sille begjinne.

AT HAYING TIME

This afternoon beside the path I saw
The hemp-nettles tremble and wave,
And from the meadow, cinnamon-like,
Came the wafted fragrance of hay.

My friends, that is truly summer,
And it speaks of Friesland to me!
It is the time of fiercest life
And of old sights I now see.

There is no rest in the fields there now;
The mowers swing their blades,
The windrowers bustle along the verge:
All must work fast in these days.

The towering wagons now can barely
Drive in through the great barn doors,
And the precious harvest of the fields
Is piled high on the broad shelved floors.

The orchard is the one quiet spot,
A place of rest and sweet leisure;
And there the poet now lies down
To enjoy the summer's pleasure.

The elderberry is in glorious flower;
Its scent comes through that of the hay;
In the garden the roses are in bud
And the lilies on full display.

'Och, nim him syn loaiens net al te kwea,
Hy sil it wol letter belije!
As er syn dreamen yn fersen stâlt
En dy kinne de fal net krije.

En tink der, myn bodders, tink der om,
Hy is fan jimm' eigen sibben,
En wat by syn dreamen hy foar him sjocht,
Dat is wat jimme belibben!'

1910

'Well, let that fellow take his ease,
He'll have to pay for it soon!
When he tries to put his dreams into verse
And finds he can't catch the tune.

And consider well, my toilers,
That you and he are kin,
And what he sees in his dreams
Are things you know from within!'

De berneniget oan al 't minskbestean,
Dat is it lok, dêr't ik my graach yn jou.
Wat grutte dingen docht de hantwurksman,
En fol fan wûnders is it deisk bedriuw!

Ut breder rûnte komt it libben oan
Yn byld en print, en alles foars en nij;
Strak bringt it boek yn skiednis en ferhaal
Ut frjemde tiid en oard him stoffe bij.

– Hoe tink ik oan dy moaie sneontemoarns,
(Wat frijer liet ús master dan de bern)
As 't yn 'e skoalle boekeroaljen wie;
Wat langstme hien' w' om 't nije boek te sjen! –

In stream fan kennisse rint om him ta
En nije bylden bringt him eltse dei,
Hy nimt der fan, mar kriget nea genôch,
En alles is de wiisheid like nei.

En al dy wûnders dy't it libben joech,
Dat blier besit, dat om gjin delgong tocht,
Dy litte soms de lange jierren oer
Wer effen skine in wûnder gouden ljocht.

1911

CHILDHOOD

A child's delight in all of human life,
That is the happiness which I hold dear.
What mighty works the craftsman can perform,
And day by day miracles happen here!

From wider spheres life gradually takes shape
Through prints and pictures, all so strong and clear;
Then later he reads history and tales
That bring strange places and remote times near.

I remember sunny Saturdays at school
(Those days that were not so much work as play)
When we traded our old books in for new;
How the new book's glamour then filled the day!

A stream of knowledge converges on him,
Each day new images add to his store.
He takes them in, but never has enough,
And every thing is close to wisdom's core.

And all those miracles life had to give,
Riches in an unending copious flow,
Across long years sometimes project their light,
A moment with the same bright golden glow.

It ljocht komt heger!
Koarter wurdt it paad de loftskyl troch,
It ierd-beklaaisel; súvrer, finer wurdt de stof.
De ierd leit foar 'e sinne breder iepen
Om waarmte yn it lichem op te nimmen,
En jout it ljocht, mei kleur bejeftigd,
Werom oan minsken' long'rjend' eagen.
Wat, libben, dea wie, brûst út d' ierd omheech,
De winter oer yn sie of woartelstel besletten;
Wat driuwt op lichte wjok komt op 'en baan,
Wat draaft of krûpt op ierd, wat boartet yn it wetter.

De minske is 't in lange skimerjûn
De neare wintertiid, wêryn de sinnen tize:
't Ljocht strykt de franjes wei, as 't heger kliuwt,
De fleur komt en it wurk wol better, libbens stipe!

It ljocht it moaist op ierd? It is it libben sels,
De krêft dy't alles driuwt!
De heechste God komt neier; wat is grutter feest?
Noch hinget foarfaars sjongen yn 'e loften,
En laitsje moat de God as hy oan 't djoeien tinkt;
Dat wie in feest, as bern allinne 't fiere!

1912

The light rises higher!
Shorter the way now through the air-shell,
The earth-wrapping; matter is purer and fine.
The earth lies wider open to the sun,
Gathering warmth to her body,
And gives the light, endowed with colour,
Back to longing human eyes.
Things living that were dead burst out from the earth,
All winter long locked up in seed or rootage;
Things floating on light wings appear again,
Things that run or creep on land, that play in water.

For humans it's a permanent twilight,
Shadowy winter, in which the senses stray:
Light smooths frayed edges as it climbs up higher,
Delight revives and work – life's prop! – goes well.

The light the loveliest thing on earth? It's life itself,
The force that drives all things!
The highest God comes closer; what greater holiday?
Ancestral singing still hangs in the air,
And the God must laugh to think of courting:
Such a holiday as only children can enjoy!

Myn maten, dat binn' dy't as jonges
Opgroeiden yn 't Fryske lân;
Yn 'e finne en op 'e buorren
Dêr haww' hja har wille hân.

Dat binn', dy't kamen út pleatsen,
Sa smout yn it beammegerûs,
Mei wyt-en-griene skuorr'-doarren
En in heablok nêst it hûs.

Dat binn', dy't de greide rûkten,
De kij, it gers en de grûn,
En dy't de tsjernmole hearden
As de brune syn paadsje fûn.

No binne hja fuorttein om utens,
Yn heger of leger steat,
Mar ik wol foar har sjonge
Fan wat gjin ien fergeat.

Hja binne noch myn maten
En moatte my ferstean;
It liet fan har eigen libben
Dat moat har oan 't herte gean.

1914

MY MATES

My mates are those whose home
Was Friesland when they were boys;
The village and the meadow
Was where they found their joys.

They are those who came from homesteads
Where rustling trees stood guard,
With barn-doors painted white and green
And a haystack in the yard.

They are those who smelt the meadow,
The cows, the grass, the ground,
And who heard the sound of churning
As the brown horse clopped around.

They live now far away from home,
Either prosperous or in debt,
But I want to sing for them
Of things no-one can forget.

For since they are still my mates
They must understand each word;
It is the song of their own lives:
How can their hearts not be stirred?

– Hasto 't lân fan jonge langstme
't Hege lok op ierde fûn?

    Fier haw ik myn dreamen weide
    En de himmel iepen sjoen.

– Mar do wiest in ienlik swalker
En de leafde koesto net.

    Ljochte ierde wie myn leafde
    Mei har hertslach gong myn hert.

– Lyts en earmtlik wie dyn libben
En dyn krêft wol ier fergien.

    Mar op sêftste amme triljend
    Haw ik Skiente' lûd ferstien.

– Asto weitsjochst, sill' net bliuwe
Treastlik, leaven fan dyn bloed.

    As dit eigen libben bloeide
    Nei syn aard, dan is it goed.

1916

– Did you find your land of longing,
Highest joy earth can provide?

    Far and free my dreams could wander,
    I saw heaven open wide.

– But you were a lonely rover,
You lived unloved and alone.

    I have always loved the light earth,
    Her and my heart beat as one.

– Small and mean was your existence,
And your powers soon decayed.

    Though weak of breath and tremulous
    I could hear what Beauty said.

– You will leave no fond relations
Of your blood, once you have died.

    If my single life can flower,
    In its own way, it's all right.

It wie sa ljocht. De pleatsen stiene
Heech op har terp yn fleur'ge ring
De blide hôven leinen iepen
Foar sinne' mylde koestering.

Wat moanne of tiid? Mar al it bliere
Fan jierre-omgong kaam hjir gear.
Ik leau... O, sjoch de finnen blinken
En fûgels doarmje om hûs en hear.

It is wol simmer. Fleare-hagen
Mei pronk fan wite rûkers stean,
En yn it hôfke, stil, boerinne
Lit oer al 't moai har eagen gean.

Mar, wûnder! Yn it bûthús rêste
De bûnte kij fan 't drege miel,
En troch it lytse finster dûnset
Yn 't stof in lichte sinnestriel.

It is wol winter. Yn it mulhús
By fromme hurd is 't waarm en smout
En pake hat – de neidei's wille –
Heech-op it âlde fjurke boud.

It is as sjoch 'k de kleurige bylden
Fan âlde twaling-skilderij.
En fan fierwei in stille freugde
Giet oan it drôgjend each foarby.

1916

36

It was so light. The homesteads stood
High on their mound in flowery ring.
The happy farmyards lay back open
To the sun's gentle caressing.

Which month or time? But all the pleasure
Of every season's gathered here.
I think... oh, see the meadows shining,
The birds around the buildings veer.

It must be summer. Elder hedges
Hold up their brilliant white bouquets
In the yard the farmer's wife
Amid such beauty stands to gaze.

But – wondrous! – in the byre the cows
After their heavy feed now rest
And through the little window twirls
A gentle sunbeam through the dust.

It must be winter. In the farmhouse
By trusty hearth it's warm and fine;
And thanks to grandpa the old fire
– The evening's joy – is blazing high.

It's as if the old double painting
Appears before my dreaming eye
Its coloured figures bringing me
Silent delight from far away.

O, deaden heech yn kleare seal,
Wêr 't each in ein net fynt,
En jimmer wer yn macht'ge bôg'
De romte út romte tynt!

In folts ûneindich yn getal,
– Mar lyts yn 'e id'le romt' –
En elts in libben, stil bedreaun,
Oan 't stof oan 'e ierde komt.

Lang wien' w' elkoarren frjemd; wat wie
My jimme fiere ryk?
Mar no bin ik jimm' rigen nei,
Besibbe freon allyk.

No is my 't roas-read ljocht fierôf,
Dat blonk op jonkheidspaad;
En 't sûnder ommetinken gean
Belune yn 't jamke skaad.

Myn freonen, dy't de dea bistie-
nen, grut troch swierste tocht.
'k Haw wol jimm' skime-rigen sjoen
En libben foar my brocht.

Koart wie de dûns yn 't simmerlân,
En lang de wintertiid;
Lyts wie, ta rêst, de lege skûl;
It mêd lei keal en wiid.

You dead ones high in the bright hall
Where eyes will find no end
And space regenerates from space
Ever in a mighty bend!

Innumerable populace
– Though small in empty space –
Each one a life led quietly
Till dust falls to earth's face.

A long time you were strange to me;
So distant was your land.
But now I'm nearer to your ranks:
I'm almost your close friend.

The rosy light has faded now
That brightened my young day,
The careless living is now lost
In deepening shades of grey.

My friends, grown great through having made
The hardest voyage of all,
I saw you standing, row on row,
So vigorous and tall.

Brief was the dance in summer-land
And wintertime passed slow,
The field lay bare and wide around
The tent was small and low.

En inkeld wie it strang-rjocht paad,
As ploechfuorg' yn 'e bou;
En mannich wie de wylde gong,
Wêr 't doarmjen kaam ta rou.

Myn freonen as jimm' wylde mied
Sa leit myn eigen lân;
En yn it âld-bewende kwea
Haw ik myn leafde hân.

Fier is de hege wûnderskyn
En wiid de tsjustre romt';
Hoe stûket d' earme swalkersman,
Dy't reed en paad ûntkomt.

Sa nim my op as eigen skaai
Yn sêftens ta jimm' laat
As ik de stringen falle lit,
En him myn folk ferspraat.

1918

And hard to find was the righteous path
Straight as a ploughman's furrow,
And all too easy the winding way
Where straying led to sorrow.

My friends, like your unweeded field
Lies also my own land,
And in the old familiar wrong
I lovingly did stand.

The high glow is so far away
And sombre space so vast;
The vagabond will stumble soon
If he should leave the path.

So take me in as your own child
Led to you tenderly
When I allow the reins to fall
And let my people be.

Teare blommen sêftkes weve;
Sigen wurdt yn 't strûkguod wei;
Iere maitiids jong ferheugen
Trillet yn 'e ljochte dei.

Parrebeam yn tichte knoppe
Is fan jonge hope swier;
Lichte michjes fleurich dûnsje,
Yn 'e ring, foar 't blide jier.

Klaske giet yn wûnder dreamen
Stil it lytse hôfke rûn,
Bûcht har nei de blommefamkes:
O wat leafde hat hja wûn!

Memke sit op 't stalt te skriemen,
Droef-swiet komt de tiid werom;
O, it skruten iepen-tearen!
O dy keine jonge blom!

Oan grêftswâl yn foarse gerzen
Libbet groei-krêfts iivge stream;
Yn it djippe, kleare wetter
Spegelt fiere himmeldream.

1921

Fragile flowers gently flutter,
Around the breeze the leaves close tight;
Early springtime's youthful pleasure
Shimmers in the open light.

Pear-tree, thick and richly budded
Heavy stands with young desire,
Little flies dance flower-like
In a ring for the happy year.

Klaske walks in wondrous dreaming
In the garden, round and round,
Bends down to the flower-maidens:
Oh the love that she has found!

Mother weeps on the scouring step,
Sad-sweet time returns once more;
Oh, the diffident unfolding!
Oh that young and stately flower!

In sturdy stalks by the canal
Pulses growth's eternal stream;
And the water, deep and clear,
Mirrors a distant heaven-dream.

'k Sjong net it liet fan heel in wrâld
En alle minskdomm' wee;
't Komt net út it rotsich berchtme op
Of út 'e grize see.

It is mar eigen lok en leed
Dêr't ik fan reauntsje kin;
't Giet de bewende paden lâns
Fan libbens âld berin.

Ik sjong fan hege himmel net
En Gods grut-hearlik hûs;
My klonk net boppe stjerlik skaai
Dok hillich harpgerûs.

It is myn ierde, eigen grûn,
It is it goede ljocht,
De siele, dêr't ik part oan haw:
In bern, ta wêzen brocht.

Ik sjong fan dea en stjerren net,
It al-oermachtich ein;
My is fan fromme lok-yn-smert
De hege treast ûntsein.

It is it libben, waarm en sterk
Sa as it riist en sinkt,
As mei de siken tilt it hert
En heechste leafde drinkt.

1921

MY SONG

I do not sing of a whole world
Or all man's misery;
It doesn't rise from rocky hills
Or out of the grey sea.

All I can hum a song about
Is my own joy and strife;
It follows a familiar path,
The oldest course of life.

I do not sing of heavenly heights
The glorious house of God;
I never heard such holy harps
Above the mortal herd.

It is my earth, my ground I sing,
And the good light of day.
It is the soul in which I share,
A child, set on life's way.

Of death and dying I don't sing,
Nor of the almighty end;
I lack the pious joys-in-woe
That consolation lend.

It is this life, so warm and strong,
And how it climbs and sinks,
When the heart lifted on the breath
Finds highest love, and drinks.

It wide lege lân, it doarpk' oer 't wetterflak;
De pleats yn 't beamt begroeid, it hiem mei boerereau;
De dyk wêr 't er him bûcht; de reidwâl by de poel;
De skoaiïng en it pealguod, dat de weach tefriet...

Hy hat it nomd en 't wûnder foar ús brocht!
Hie 't sljochte lân gjin foarm? Sjoch wâl en wei en kling!
Sjoch hoe't it stjelpdak riist, de beam him breed ûntjout;
Hoe't foars de skoarstien stiet, de mole klear en grut.

Hjir op dit stee, yn skeante fan 'e dyk, siet hy as do;
Hjir oer de raaien striek syn hân – in needrich foarst;
Hy koe de rusken, 't flach; de melkers seach er gean,
En jinsen blonk oer 't IJ dyn fredich doarp.

Myn Fryslân, 't is dyn susters hiem, dat yn dit byld
Teach oer in wrâld; en 't is as eigen grûn,
En eigen skuorre en folk, wat hjir de master mielt!
Sa kom – do silst dyn lân yn skientme rizen sjen.

Nei it besjen fan it boek fan Lugt:
Wandelingen met Rembrandt in en om Amsterdam.

1922

THE ENVIRONS OF AMSTERDAM, DRAWN BY REMBRANDT

The wide and level land, the village past the stream,
The house among the trees, the farmyard with its gear;
The dyke-road where it curves; the reeds fringing the pool;
The cladding and the palings, nibbled by the waves.

He captured this, he let us see the miracle!
Was this flat country formless? See the bank, road, mound!
See the roof's upward curve and how the tree's boughs spread;
How firm the chimney stands, and the big working mill.

Here on the sloping dyke, this spot, he sat like you,
Here through the grass-blades drew his hand, a humble king.
He knew the reeds, the duckweed; saw the milkers pass,
And there across the IJ your peaceful village shone.

My Friesland, your own sister's farm it is that thus
Portrayed has crossed a world; and it's like your home ground,
Your homestall and your people, what the master sketched!
So come – and see how beautiful your land lies here.

After looking into Lugt's book:
Walks with Rembrandt in and around Amsterdam.

As woechsen wie ta foarse krêft
Wat jonkheids lea trochtrille –
As langst fan 't jonge hert
Wie opbloeid ta in ryk en heech besit –
As wa my 't wêzen joech: it folk,
Waans bloed en siele sa eigen my ferskynt,
My sterk en grut foar eagen stie...
Dan soe in machtich hert de wrâld oerstreame
Mei sang en liet:
In stream dy't fan 'e bergen rint,
En oan syn iggen komme wûnders op!

En dochs, as 'k stoarje oer it Fryske lân:
De skuorren blinke en de greide rûkt,
De reidwâl rûst,
De wyn strykt oer my hinne;
Ik haw de earmen iepen...
Dan – lyts en earm – 't rint my oer;
Wêr wei? En harkje sil,
Wa't dûns' yn 't klaverlân,
Wa't wraksle mei de wyn op 't hege hiem,
En wa't yn skuorre en fjild it blide libben seach.
En yn 'e siele riist it ljocht-omstriele byld!

1922

If that which thrilled through veins of youth
Had reached full adult strength –
If a young heart's longing
Had flowered into a high and glorious whole –
If that which gave me being, the people,
Whose blood and soul appear so clearly mine,
Had stood before me strong and great...
A powerful heart would then have overflowed the world
With poetry and song:
A river that flows from mountain peaks,
And miracles blossom on its banks!

Yet as I gaze over the Frisian land
The barns shine and the mead smells sweet,
The reeds are rustling,
The wind caresses me;
My arms are open....
Then – small and poor – I'm overwhelmed:
By what? And he shall listen
Who danced in the clover-land,
Who wrestled with the wind on the high ground,
And who saw joyous life in barn and field.
And in the soul comes up the vision bathed in light!

Hja sizze: wrâld is min; yn skoaiers keet
Moat húzje 't wurksum folk, tegnjidde en strûpt;
Syn bodzjen hat gjin frucht. Foar wyld groeit op
't Wankleurich skaai, dat yn 'e goaten krûpt.

Hja sizze: 't folk is dom; it kin net sjen –
Utsein it lytse tal dat, begenedigd, wit –
De hege seine fan it godlik mal,
Sa as 't foar har ferklearre eagen stiet.

Hja leavje, sizze hja, it minskdom wol;
Hja roppe it gear en sprekke lûd en fel,
Hja sette 'er op har lichem en har siel:
Tebrutsen stroffelje hja by 't platform del.

Har leafde foar it earme folk is grut!
– En giet dy leafde nei syn libben út?
Nimt hja syn wêzen op, syn wille en wurk,
Syn siele, dy't hja, machtich, yn har sels beslút?

Is it it dichtsel net fan eigen siel
Dat hja foar alles leavje? Eigen drôg' en sin?
Is 't hearsksucht net, dy't strang de leie hâldt,
De fliten twinge wol yn ing berin?

Kinn' hja de Macht'ge net dy it libben driuwt? –
Binn' hja gjin diel fan him? Ut oare wrâld
In frjemde Geast, dy't hâldt it minskeguod
Foar boartersreau en wrot en brekt en stâlt?

50

They say: the world is wicked; labouring folk
Are slaves who live in huts: their fate is hard.
Their toil yields them no fruit. The pallid sort
grow wild as weeds, and creep round in the mud.

They say that folk are fools, they cannot see –
With the exception of that chosen few
For whom the blessing of a godly mould
Has been revealed to their enlightened view.

They firmly claim to love the human race,
And summon it to hear a fierce tirade.
They give all of their body and their soul:
Finally stumble broken from the stage.

Their love for the poor people is immense!
– And does that love embrace the people's life,
Does it perceive its being, joy and work,
Its soul, integral part of its almighty self?

Isn't the poem their own soul has made
The thing they chiefly love? Their own desire?
Is it not love of power that grips the reins,
That longs to guide the people, lead and steer?

Do they not know the Almighty Lord of life?
Or are they part of one from other land,
A foreign Spirit, who treats men as toys,
And makes, breaks, shapes, with an all-ruling hand?

Hy nimt har út 'e grûn en set har del
Nei it bestek, net achtsjend de natoer.
Wurdt it gjin kostlik park? Mar dea komt mei,
En yn 'e woestenije bliuwt gjin libben oer.

1923

He raises them from dust and sets them there,
Not part of nature, but precisely planned.
A splendid park, is it not? But death is there,
And in the desert all dies in the end.

Lyk as yn jonge tiid myn rinnen sneins,
Troch 't simmersk lân, mei âldre trouwe freon,
Sa wêze, maten, jimme reis mei my;
Hjoed hat wer wat fan d' âlde langst my dreaun.

Hoe gûnen wy – wie 't jimmer sinne en ljocht? –
Mei flugge stap de blide lânen yn!
De frjemde paden brochten wûndre njû,
De geaen leinen yn in nije skyn!

O 't binnenpaad de blanke finne troch!
Gjin swieter stee as dêr't de klaver rûkt;
Hjir oer in hout, dan wer in foarhaad lâns;
O, hoe't ús – bern – dochs jimmer wiksel lûkt!

Koesto dat doarp? Sjochst hoe't om hege terp
De feart him slingert? 't Hiem nei 't wetter ta,
De huzen stean yn 't rûn; op heechste kling
Leit frij it hôf; de winen sprekke 'r sa!

Sjochsto dat hûs? It bochtich tek is grien,
De âlde ruten jouwe lytse dei;
Mar wite râne siert de muorren op,
En ek foar hûs d' abeeljen pronkje 'r mei.

Sjochsto dat hôf? In mânske rige stiet;
Oer har binn' ropp'ge stoarmen gien,
Mar sterk haww' hja de earmen bûgd
En hjerstmis as in kening stien.

Just as once with my older faithful friend
Through summer countryside I went my way,
So may your journey be with me, my friends;
Some of the old desire prompts me today.

How we stepped out into the happy fields,
So briskly – was there always sun and light? –
A new glow lay upon the countryside;
The strange paths offered us intense delight!

Oh byway through the clear pasture-land!
The fragrant spot where clover filled the air;
Across a plank here, then beside a wall;
How change attracts us – children that we are!

Do you know that village? See how round high mound
The water winds. The yard back from its shore,
The houses in a ring; on the highest point
The churchyard lies, where the winds speak severe!

Do you see that house? Its sagging roof is green.
Through the old windows filters little light,
But the outer walls are bright, while out in front
The poplars too gleam with a fringe of white.

Do you see that churchyard? And that mighty row?
They were assaulted by tempestuous winds
But bent their arms in powerful defence,
And in the autumn held their ground like kings.

– O freon, Jo binne wei; wy haww' Jo brocht
Nei 't lêste stee; en wat ik sjong is wei,
Of hast fergûn – o, ûnbegryplik eat!
Ferstoarn, fergûn en dochs yn ljochte dei!

1924

– Oh friend who has departed; we brought you
To the last place; my songs too have passed away,
Or almost – oh, incomprehensible!
Dead and decayed, yet in full light of day!

Al wat ik skriuw, dat is wier bard.
– Ik haw gjin krêft fan hege fantasij
Dy't miele kin in wûnder mearkelân
Of, machtich, iependocht in kommend gouden tij. –

't Is it bêste wat ik haw; hjir kamen gear
Myn lokkig' oeren allegearr'; fan jeugd en ljocht
De skienste dream. Ik jou it wei,
En wa't d' âld taal ferstiet, haw ik betocht.

Wie it myn eigen wol? It kaam my oan
Fan myn geslacht en giet nei har wer ta.
It is fan sibtal mear as mar it erf,
En elts hat part oan wat ik gearbrocht ha.

Sa binn' hja riker as har steat wol seit;
Har miene himrik is dat romme fjild,
De sang, de gloed, de klaverrook,
De see fan 't lân, dy't weeft en tilt.

Wat lang foarby is, rôp ik op
Ta nije dei; har krêft, har jeugd; in ljochte ring,
Wat ienkear wie, ferlern mar net fergûn,
Ferskynt yn teare glâns: in blider ding.

1925

All that I write has really been
– I have no power of high imagination
Able to paint a magic fairy-land
Or deal in prophecy and revelation. –

It is the best I have; united here
Are all my happy hours; of youth and light
The loveliest dream. I give it away;
It's for the users of the old tongue that I write.

But was it even mine? It came to me
From those who will have it back for ever:
My kin. It's more to them than goods and land,
And each one shares in what I've brought together.

So they are richer than their rank suggests;
Their common ground the open lea,
The song, the glow, the clover-scent,
The land's upsurging, swelling sea.

What is long past I summon back
To life again; their strength, their youth, a shining ring,
What once has been, is lost but not decayed,
Appears with gentle glow: a joyful thing.

In macht'ge rige stiet oan 'e oare kant.
De foarsten binn' my nei: hoe klear en grut
Haw ik har foar my stean, sa libben as
Wa't nêst my is! En mei har komt
It folk dat har bestiet; dy hjitte libben noch,
Mar wat har stalte wie, ferstoar sa goed
As dy't men deaden neamt; of better wol
It iene bleau as 't oar.

                  Hja binn' net bûn
Oan foarmen fan ien dei; 't giet hinn' en wer
Sa as de siel ferweecht: in wiksljend spul.
De freonen fan myn jonkheid allegearre
Gean my foarby. Ik sjoch har wêzen klear,
De dei, de wyn dy't troch de reiden giet,
Nimme har op; der is gjin skied
Fan doe en no; dy't oer de tearen rint
Fan 't wetter, draacht har byld.

Myn stalten bring ik gear nei doarp en stee;
En yn it hûs de slachten komm' en gean:
Sa is it drager fan in fiere stream;
Mar fêster hâlde wier en wurkbre grûn.
O hûs en terp en lân! Hoe fiere jimme mei
Nei tiden griis en âld! De brike muorre
It tek, it lytse ramt, hja sprekk' in taal
Us nei en goed. En op 'e terp mei plak
Foar went en hiem – feilich lyts ryk
Opboud fan eigen krêft – o as wy stean
Dêr heech oer 't gea en sjen de lânen oer,
Hoe komt in machtich fielen by ús op!

A mighty row stands on the other shore,
The first ones close to me: how clear and great
I see them stand before me, as alive
As my own neighbour! With them also come
Related folk; who are still called alive,
And yet their forms have faded just as much
As those we say are dead; or better still,
The one remains like the other.

                              They are not tied
To forms of a single day; it fluctuates
The way the spirit moves: a shifting play.
The friends of my young life all pass
Before me. I clearly see their being,
The day, the wind that passes through the reeds
Gather them up; then and now flow
Together; the one who skims the ripples
Of the water bears their image.

I bring my forms together in village and house;
Inside the generations come and go:
It is then bearer of a distant stream;
But firmer still are knoll and working land.
Oh house and mound and land! How you bear us back
To grey and former times! The crooked wall,
The roof, the little window speak a tongue
That's good, and close to us. And on the mound,
With room for yard and home – safe little realm
Built by their own efforts – oh when we stand,
High up above the field and look around;
How powerfully our spirit then is moved!

61

Har weiden, moedsum lutsen by de hichte op,
Komm' op ús ta; wer roppe oer 't fjild de kij,
En effen hearre wy it eineguod.
O fliten lang fertein! Hjir mei jimm' del te gean
De himrik út, oan 'e ie ta dy't
De geaen skiedt! It gers fiel 'k yn myn hannen
En ik rûk de grûn...
O dit giet bûten tiid! Wy binne diel
Fan selde wrâld, hoe koe der oars
Sok fielen troch ús gean?
Ien siele, ien begryp omfiemt it al.

1925

Their wagon-loads, laboriously piled up,
Approach us; cattle call in the field again,
And a brief cackling of ducks is heard.
You long gone hosts! To come down here with you
Out of the parish, as far as the brook
Between the villages! I touch the grass
And I smell the earth....
Oh, this goes outside time! We are a part
Of a single world, how else explain
The way we are so moved?
One soul and one idea embraces all.

De sleat mei kikkertsblom,
De úttrape wâl in byt begroeid,
Ofearte pôle en tehaffle reid –
De miedkraach mei syn dracht
Fan klaver, blommeguod en al
Wat op 'e seine wachtet,
   Kaam gear yn my.

It lûd, dat fan 'e hiemen komt,
It balten dat oer 'e lânen klinkt,
En al 't bedriuw
Dat libben om my hinne giet
   Kaam gear yn my.

It folk dat hjir syn wenstee hie,
En wat der bodde en wrotte d' ieuwen oer,
En al wat hjir troch bloei en stjerren gong,
   Kaam gear yn my.

1926

COMMUNITY

The ditch where frogbit grows,
The trampled bank with scanty grass,
Grazed-bare paddock, ragged rushes –
The meadow with its crop
Of clover, buttercups, all
That waits for the scythe
    Gathered in me.

The sound that comes from the farmyards,
The lowing that crosses the fields
And all the bustle
That is alive around me
    Gathered in me.

The people who had their dwelling here,
And laboured and toiled here through the ages,
And all that flowered here and died
    Gathered in me.

It húske haw ik goed yn my opnomd:
Keal sûnder beamte stiet it yn 'e greide,
By de seedyk.
In stek skut it ôf fan it finstik,
Wêr't in âld hynder
Haffelt yn 't reidguod.
In keamer hat it hûs en in skuorke;
Bleek-griis de muorren,
Tarre it skuorke.
In seilbokse wappert oan 'e line,
En de wyn rûst troch de tillegraaftrie.

Soene wy stjerre?
Yn it húske libje tûzen bleek-grize huzen,
Ofbrutsen en fergetten
Mar de trie rûst har namme.
Yn it finstik libje tûzen ôfearte lânen,
En de hynders dy't it bebieten,
En de hannen dy't it bedolden,
Sa sil ús lân en ús hûs bestean!

1926

THE LITTLE HOUSE

I observed the little house with care:
Bare, without trees, it stands in the meadow,
Near the sea-dyke.
A fence shuts it off from the paddock
Where an old horse
Bites at the reed-stems.
The house has one room and a barn,
Pale grey the walls,
The barn tarred.
A pair of overalls flaps on the line
And the telegraph wire rustles in the wind.

Are we to die?
In the little house live a thousand pale-grey houses
Pulled down and forgotten
But the wire rustles their name.
In the paddock live a thousand grazed-bare fields
And the horses that fed there,
And the hands that dug there.
So shall our land and our house live on!

As 'k ienkear skiede moat – in ljochte dei
Yn maaietiid wie my it lichtst –
Dan set myn bank, dat iepen foar my leit
Wêr't jimmer 't djipst ferlangen hinne teach.

It fine lichem, no in griis te sjen,
Leit sûnder macht. Mar yn 'e eagen blinkt
It goede ljocht, en rook komt fan it fjild;
Wat ea myn leafde hie, giet my foarby.

Dan far ik út en stilkes wurd ik wei.
Wat oerbliuwt is myn skym; beloaits it net te wreed
En nim gjin print fan de te-ploege mom;
't Koe wêze dat hja spriek wat better wie ferswijd.

Al wat der foech jout haw ik jimme bean,
Bewarje dat; en mei wat leafde tink
Him nei, dy't mannich ding syn leafde joech –
Sa lang as duorje mei de skiente dy't er wûn.

1926

FAREWELL

When at last I take my leave – a clear day
In springtime would be easiest for me –
Arrange my couch so that I face outside,
The way my deepest longings always leaned.

The slender body, painful now to see
Lies without strength. But in the eyes still gleams
The good light, and scents float from the field;
All that I ever loved passes me by.

Then I set sail and quietly slip away.
What's left is just my shade; be kind to it,
And from its furrowed features take no mask;
Perhaps it speaks what best was left unsaid.

Whatever really counts I've offered you;
Preserve it, and remember with some love
A man who cherished many things with love –
As long as beauty he discovered lasts.

Tsjin 'e ljochte himmel de iken stean,
In wylde, tsjustere kloft;
De takken wringe har troch-inoar
Teropje de blanke loft.

As frjemde begearten, wêr 't klaad ôf foel,
No neaken wine hja rûn,
En krinkelje har ta in spoeke-wâld,
Wêr 't ierdske yn fergûn.

De stompen ferbliede; út 'e iepen wûn'
It donkre focht dript del. –
O winterjûne smertlik feest,
Hoe grypst ús sterk en fel!

1927

WINTER EVENING

Against the pale heavens stand the oaks,
A dark gang, all awry;
The branches, tangling in themselves,
Rip jags in the clear sky.

Like strange desires, undisguised,
They nakedly twist and spin,
They coil into a world of ghosts,
The end of each earthly thing.

The stumps are bleeding; from open wounds
I watch dark liquid drip. –
You painful winter festival,
How strong and fierce your grip!

Foar memme doar stapten wy yn;
Wy wienen net sa moedich, rju dingen joegen ús soarch.
Mar rêstich naam ús sjauffeur de bochten
Fan it doarp-stêdsje en ear't wy it wisten
Wien' we oan 'e seedyk.
De motor sette wat oan; hy spûn en snoarke
En soms effen rêchwipte de auto
As in streakjend poeske.
En foarby fleagen de húskes dy't ik sa goed koe.
En foarby de pleatsen dy't ik sa goed koe,
Mar no swijend en sûnder bewenners;
En foarby de greiden mei wat donkere winterskiep
En iepenbrutsen bou dêr't seefûgels saaiden.
Ien mânske kob siet op 'e reed;
Rotgânzen wienen der net,
Wêr soenen dy no har lieten sjonge?
O hoe deadsk is dat stille fjild, myn freonen hawwe my ferlitten!
Oan 't ein noch effen boppe de see swaaie de libbene basaltblokken,
Mar de auto kriemt.
En set ús del foar de trein fan 11 oere 11.

1927

We got into the car at Mam's front door;
We weren't all that excited, many matters weighed us down.
But the driver took us calmly round the bends
Of the village-town, and sooner than we knew,
We were at the sea-dyke.
The motor ran a little harder, it purred and hummed,
And now and then the car twitched up its back
Like an affectionate kitten.
And past us flew the houses that I knew so well
And past us the farms I knew so well,
But silent now and without occupants;
And past went the meadows with a few dark winter sheep
And fields ripped open, seabirds sheering over them.
One large gull sat on the path;
There were no barnacle geese:
Where would they now be singing their songs?
How funereal is that silent field, my friends have deserted me!
At the end still just above the sea sway the living blocks of basalt,
But the car swerves
And drops us off for the 11.11 train.

Ien foar ien ferlitte myn freonen it doarp.
Earst driigje hja in deimannich, en gean noch ris de wegen fan har
    jonkheid,
Dan reiz'gje hja ôf foargoed.
Hja komme net werom; hoe soenen hja ek?
Hja gean fan inoar en wurde oer wrâlden ferspraat.
Sa wurdt it doarp my in frjemd plak;
De huzen doar ik net mear yn 'e eagen sjen,
Kâld strykt de wyn om 'e hoeken.

Noch ien âld man bewarret al it libben;
Soms ferhellet er fan de fiten fan syn jeugd, fan de see en it romme
    fjild.
– Mei it âld minske hat er jong west. Jûns binne hja mei inoar de geafeart
    del riden;
Heech stie de moanne en donker lei it iis tusken de blanke wâlen. –
Hy is noch sterk en in fêste húsman,
Mar as it lot it seit sil er syn hûs ferlitte;
Dan is it doarp útstoarn en allinne de skimen kinn' ús tasprekke.

1927

ONE BY ONE

My friends desert the village one by one.
First they linger a day or so, retrace once more the paths they knew when
    young,
And then they leave, for good.
They don't come back: however could they?
They separate and are dispersed through worlds.
So the village becomes a strange place for me;
I no longer dare look the houses in the eye,
The wind cuts cold round the corners.

One last old man keeps all the life;
He sometimes talks about his boyhood pranks, about the sea and the
    wide land.
– He was young with old mam. Of an evening they skated together the
    village route.
The moon was high, the ice lay dark between the white banks. –
He is still strong and a sturdy farmer,
But when fate gives the word he'll leave his house;
Then the village will have died, with only shadows left to speak to us.

En as it wêze mocht dat er de nachten net koe, dêr't Rilke fan spriek,
En net nêst de frou wie as hja it libben brocht,
Soe it him wat jaan dat er yn syn jonkheid wûnders belibbe hie?

Earst it wûnder fan it bouwen.
De bûthúsdoar stiet iepen; de man leit de stiennen op inoar.
Hy bout in muorre. Op 'e muorre komt it stalhout.
Nêst him stiet de ridskipsbak mei it machtich ark.
Sa is wol groeid wat fan alle tiden like!
Dan bout ek de jonge sels;
Yn 'e ierde graaft er hoalen en gongen,
Yn it sân bout er kanalen en sluzen en fan stien tuorren en kastielen.

Dan it wûnder fan de foldiedigens fan natoer.
It hôf lei bedutsen mei de grutte, reade, swietrokige fruchten,
Dy't de wyn naam fan de mânske beammen.
O de wille fan it rispjen, wrâlds rykdom lade op de romme souder!
Dan de hege weiden, dy't ta de skuorredoar ynwraggelje;
En de blanke ierdfrucht út 'e fette grûn dold!

Soe it him wat jaan dat er opwoechs yn de ôf-te-eagjen
Libbensmienskip fan it doarp?
Dat er it bûthús koe en de skuorre, de tún en de greide?
Dat er op 'e poepestâl wie en mei de ûngetiders yn it haailân?
Dat er de lucht koe fan it hout wêr't oan 'e dyk it heiblok giet,
Fan it boat by it fûkfandeljen en fan 'e taan yn fiskermansefterhús?
Dat er de huzen koe mei stiennen flieren
En de lege swartberikke souders?

And if he should not have known the nights of which Rilke spoke,
And was not beside the woman when she gave birth,
Would it be any use to him that he had when young known miracles?

First the miracle of building.
The cowshed door is open; the man lays brick upon brick.
He builds a wall. The wall sustains the beams.
Beside him stands his toolbox with his mighty tackle.
That must be the way things that seem timeless grew!
Then the boy himself builds too;
Digs pits and passages in the ground,
Builds canals with locks in the sand, towers and castles of stone.

Then the miracle of nature's abundance.
The garden is carpeted with the great, red, sweet-smelling fruit
The wind took down from the heavy trees.
Oh the joy of harvesting, stacking the spacious loft with the world's wealth!
Then the high wagonloads waddling through the barn-door;
And the pale fruit of the earth dug up from the rich soil!

Would it be any use to him that he grew up in the surveyable
Community of the village?
That he has known the cowhouse, the barn, the orchard and the meadow?
That he has been in the mowers' shed and with the men in the hayfield?
That he has known the scent of the wood where the rammer goes on the
    dike,
Of the boat that sailed past the nets, of the tan in the fisherman's outhouse?
That he has known the houses with stone floors
And the low smoke-blackened lofts?

En, o, as der de nachten net binne, sa binn' der de dagen
Mei de leafde fan 'e ljochte himmel
En al ierde' waarme gloede!
En as de frou der net is dy't it libben tôge,
Sa is der de mem, dy't it jimmer jaan sil,
Siele, dy't slachten omfettet.

1927

And O! if the nights are not there, there are the days
With the love of the light sky
And all the warm glow of the earth!
And if the woman is not there who carried life
There is the mother who will always give it,
Soul that embraces generations.

O ljochte tiid! O wille sûnder miet!
Gearkommen bliid fan minske' slachte swiet!
O heit en mem, doe't yn it hôf de pronk
Fan maaietiid jimme yn 'e siele sonk,
Doe kaam my dizze leafde oan.

O fiere faar en moer, doe't – hân by hân
Oer terpe-delgong nei it bloeiend lân –
De lije wyn it wêzen stil berûn
En sêfte twang it wylde hert ferwûn,
Doe kaam my dizze leafde oan.

1927

SPRINGTIME

Oh light time! Immeasurable delight!
Meeting of human creatures, sweet and right!
Oh father, mother, when springtime's display
In the garden sank into your souls that day,
It was then that this love came to me.

Oh distant dad and mam, when – hand in hand
Descending the high mound to the flowering land –
The mild wind softly wove itself around
Existence, and wild hearts were gently bound,
It was then that this love came to me.

De jûn giet om it stille hûs;
Hja lústerje; elts hat syn dream.
't Is swalkjens skoft, wat lang fersonk
Sylt wer op libb'ne stream.

De frou, wêr't hja op wachtsje mei?
O wûnder wurk! Koe noch sa'n bloei
Him iepenteare maitiids-blank?
O jûn! o tinzen' licht gedjoei!

De wyn strykt troch it wintersk hôf;
De man giet mèi syn rûzich paad;
Dwylwegen nolk! O wyld bestean!
O frjemde tochten' djippe saad!

De bern dream' oer har bûnte print,
De kleur'ge wrâld fan prins en fee,
En weagje yn har lichte boat
In reis nei ûnbekende see.

1927

EVENING

Evening goes round the silent house;
They listen; each one has his dream.
Now they stray out: what lay submerged
Floats once more on a lively stream.

The woman, what is in her mind?
Oh miracle! Can it still be
That blossom opens so spring-white?
Oh evening! Oh light reverie!

The wind sweeps through the winter yard;
The restless man moves there as well.
Oh sweet wrong paths! Oh untamed life!
Deep turmoil of a puzzling spell!

The child dreams over a picture-book,
The coloured realm of wizardry,
And ventures in an airy boat
To set sail for an unknown sea.

Jonge kearels komme sjongende de himmen út wei;
De pols op 't skouder, foarjiers-dronken.
Ik bin te âld om dronken te wurden,
Mar de reade kop fan in soerstâl stek ik op 'e jas
En wiid set ik de sinnen iepen.
Ryk en bliid leit it lân,
Griene teisters driuwe fan 'e wâl ôf de sleatten op;
Ut it westen komt de fochtige wyn.
Efter doarpstún en hiem bliuw ik stean.
It âld stek en rou haach-guod wyld begroeid,
De gloaiende wâlen sa grien!
De brune sleat fol tyljende maitiidsgeur;
En oprinnend nei 't hege, út modder en weaze,
De hokken en stekken fan 't boere-eigen',
En tsjillen en slachters; en dan it binhús
Earen sa steatlik, no âld en skeamel!
O dit allegearr' mei ien streek te omfiemjen,
– As hy dy't ik net neame sil! –
En by it bargehok stean ik as in muorre.

1927

Young fellows come singing from the polders;
The poles on their shoulders, spring-drunk.
I am too old to get drunk,
But I stick a red sorrel-head in my buttonhole
And set my senses wide open.
Rich and happy lies the land,
Green stalks float along the ditches;
Out of the west comes the damp wind.
Behind village-garden and farmyard I stand still.
The old fence and rough hedge all overgrown,
The glowing banks so green!
The brown ditch full of opulent spring scents;
And rising higher, out of mud and dirt,
The sheds and fences around the farm,
And wheels and axles; and then the farmhouse
Once so stately, old and shabby now!
Oh to fix all this with a single stroke,
– Like him whom I shall not name! –
And beside the pigsty I stand like a wall.

It moast no wêze – ik bin sa âld –
Dat ik it wêzen fan 'e dingen iepen lizze koe;
Dat ik út 'e bylden wei – sa as hja dat sizze –
Komd wie ta de djipste krêft.

Mar, o wat ik fiel is net as de boarstrige skors
En it sêfte moas fan 'e stammen;
Wat ik rûk is net as de rauwe rook fan it gers;
Wat ik sjoch is it bûthúsfinsterke
Troch it earste grien fan 'e flearebeam;
De rûning fan 'e pôle,
En de arbeider dy't troch de fuorgen trapet
By de bou-ikkers lâns;
En it sêfte gerimpel fan it wetter.

Soms ek sjoch ik de fâlden op it gesicht fan it âld minske
Dêr't de jierren yn fêstlein binne, foarby mar net fergûn,
Libben yn it goede ljocht;
Of it antlit fan de jonkheid, dy't wachtet,
Blank en iepen,
Mei de sinnen, dy't alles nimme sille.

1928

I really should now – I am so old –
Be able to reveal the essence of things;
Starting from images – as they say –
I should by now have come to deepest strength.

But ah what I feel is nothing but the cracked bark
And the soft moss of the trunks;
What I smell is nothing but the raw scent of grass;
What I see is the small stable window
Through the first green of the elder;
The curve of the yard,
And the labourer stepping out through the ditches,
Alongside the cornfields;
And the soft ruffling of the water.

Sometimes I see too the lines on the old woman's face
In which the years are held, past but not perished,
Life in the good light;
Or the face of youth, waiting,
Blank and open,
With the senses that will take everything.

IEN LÂN?

Der binne rju lânen dy't ik mines neam,
Dêr't ik swalke en my dellein ha;
In part, dat namme hawwe mei,
Fan it ierdryk bestrike hja.

Yn it iene haw ik myn sangen dreamd,
Om my hinne it ljochte gea;
In liddige ruter, in swervend man,
Dy't fynt oan 'e wei syn brea.

Yn it oare haw ik de wiisheid socht
En reizge de skoallen ôf;
In jonge mûnts, gong ik op en del
Yn it koele kleasterhôf.

Mar ek haw ik west in arbeidersman,
Dy't wrot foar syn bestean;
Deis jimmer wer yn 't selde mêd,
En sneins it sober lean.

In sjonger, in siker, in bodder dan,
Mar ek in neaken bern,
In klompke libben dat wringt en rikt
Yn begearens twang ferlern.

1930

ONE COUNTRY?

There are many countries I call my own,
Where I wandered and found a resting-place;
They cover an extensive part
Of all the earth's broad face.

In one of them I dreamed my songs,
Around me the land so light;
A layabout, a drifting man,
In search of the next bite.

In another I sought to be wise,
Attended many a school;
As a young monk walked up and down
In cloisters calm and cool.

But I've also been a working man,
A poor labouring drudge;
In harness plodding every day
For a scanty weekly wage.

A singer, a seeker, a toiler, then,
But also a naked child,
A reaching, grasping lump of life
Lost in desires wild.

Ik sjoch in hûs; de finster-rige stiet
Yn prinslik ljocht; in blide dream
Leit oer it hôf; dêr bloeit de daaljeblom
En – in âldfader – stiet der d' eskenbeam.

't Each giet de keamer rûn, by 't bedskut lâns,
It kammenet, de glêde reade flier.
Gestalten bûg' har del en rize op,
De mem, de heit, de berne jonge tier.

't Is net myn eigen, 't is al-Fryslâns erf;
My is it jûn dat ik it tekenje soe.
En jimmer wer nim 'k op de barm myn stee
En sjoch it oan oft ik it winne koe.

Ienkear, wa wit, as alles mei my wie,
Ek wat ik no net neame doar,
Miskien dat my genede joech
It dreamebyld dat net ferstoar.

1930

A HOUSE

I see a house; the row of window-panes
Regally lighted, the whole yard
One happy dream; there the dahlias bloom
And the great ancient ash-tree stands on guard

The eye goes round the room, past the panelling,
The cabinet, the floorboards smooth and red,
Figures bend down and rise again,
A frisky child, his mother and his dad.

It's not my own, but all-of-Friesland's home;
What I have is the power to draw its face.
Time and again I sit there on the verge
And gaze, as if my gaze might win the place.

Some day, who knows, if all things go my way,
Including all I have left unsaid,
I may experience the grace
Of a dream that will never fade.

Troch de skreven rûst de wyn.
O âlde sneinen dy't yn it rûzjen opkomme,
O libben fêst foar dea en delslach!
Hearsto de rein, klitterjend tsjin de ruten,
De rein fan doe, de rein fan alle tiden?
It lekt yn 'e skuorre; de leien yn 'e finne stean fol wetter;
De kij binne foar 'e wyn ôfdreaun nei de sleatswâlen ta.
It is gjin waar foar in sosjalistise meeting,
Mar ek gjin melkerswaar, gjin melkerswaar!
– Dat wie it tûzen jier liden ek net altyd, dat hoege jimme net te tinken! –
Mar no sit de boer noch yn it mulhús mei de fuotten op 'e tsiistsjettel,
De faam is by buormâns faam om de feint wat te pleagjen;
De bern stean yn 'e lijte, hja haww' de apels op dy't hja by Oetske koft ha.

Dan komt wer de sinne.
Fan de boerepleatsen op har hichten blinke de ljochte finsters.
Dy't net lokkich wêze wol sit no yn 'e tsjernherne
En lústert nei it klappen fan 'e fjurhoksdoarren;
Mar dy't it lok siikje, gean it hûs yn 'e rûnte
En sjogge út nei al jinse ljochte eagen.
Ek de meetinggongers komme op 'en baan
En fleurich stappe hja wer nei har autobussen.

1932

SHOWERY SUNDAY

Through the cracks rustles the wind.
Oh those old Sundays the rustling brings back,
Oh life firm against dying and decay!
Do you hear the rain that rattles on the panes,
The rain of those days, rain of then and now?
The barn is leaking, gullies in the field stand full of water;
The cattle have been driven by the wind down to the ditch banks.
This is no weather for a socialist meeting,
But no milking weather either, no milking weather!
– Nor was it always a thousand years ago, of that you may be sure! –
But now the farmer's still sitting in the scullery, his feet up on the cheese-tub;
The maid is with the neighbour's maid, teasing the farm-hand a little;
The children are standing out of the wind; they've eaten the apples they
     bought from Oetske.

Then the sun comes out again.
From the farmhouses on their heights the bright windows flash.
Those who don't want to be happy sit in the churning-room now
And listen to the banging of the boiler-room doors;
But those who seek happiness walk around the house
On the look-out for all those lighted eyes out there.
The meeting-goers too move into action
And briskly march towards their charabancs.

Net jachtsje op 'e fyts de hege pipen oer,
En net parade-stean dêr't bûnt it folk lâns skoot,
Mar oan 'e stille kade mei it mierde skip
In inkle rinner sjen en hoe't in wolken driuwt.

Wat bloei-begjin wint stal yn 't wachtsjend tún?
Wat dream ferriist dy't skraach in libben krinkt?
Giet leafde út nei strieljen skien en heech
Wêrfan in ôfglâns bliuwt, hoe djip it byld fersinkt?

Ik bin de rinner, âld, mar dreamer ek;
Noch jimmer haw ik macht te sjen yn oare skyn;
En as de oere komt, dan nimt noch dream
In âlde swalker mei ta gouden poarten yn.

En effen sjoch ik op; it each ferbynt,
Mar it betinken mear. En wie net sokken bân,
Gjin wei ta oare dream, wat soe ik dichtsje en dwaan,
In sleauwe ropper yn in neaken lân?

1934

Not rushing from the hump-backed bridges on his bike,
Nor on parade with the people, bright and loud,
But on the quiet quayside where the ship is moored
Watching a single walker, the drifting of a cloud.

What blossoming begins in this expectant yard?
What dream unfolds to which life may set a bound?
Does love reach out to high and lovely light
Of which a gleam remains, although the vision's drowned?

I am the walker, old, but dreamer too;
Still with the power to see in another state;
And when my hour comes, dream still will lead
An aged wanderer through the golden gate.

And briefly I look up; the eye unites,
But consciousness does more. And should I lack this bond,
This way to another dream, why then would I write verse,
A foolish crier in deserted land?

Hjoed wie it in dei!

Ik haw yn 'e ûnderwâl sitten en de waarme sinne field en de soele
    sudewyn.

Ik haw de reidstâlen sêft hin-en-wer gean sjoen
En de michjes seach ik oer it wetter dûnsjen.

Ik haw de rûchskerne fan in boer rûkt en it lêste fan in kuilbult.

De jonges ljepten yn 'e lânen en de elzen hongen sa fol katsjes!

Efter my hearde ik de auto's oer 'e dyk razen en it gûnzjen fan 'e
    fytsbânen,

Mar ek it ratteljen fan in frachtwein fan Inglum of de Ryp.

Ik freesde noch foar in polysjeman, mar hy liet my yn myn wêzen.

Der binne minsken dy't op 'e grûn net rêste kinne;
Hja binne dêr te suver of te geastlik ta.

Ut 'e grûn opkomd binne hja woeksen ta heger sfear;
Allinne it sân, it ûnfruchtbere, wolle hja kenne.

Mar ik wriuw de modderkluten fyn yn myn hannen
En effen moat ik tinke oan 'e dichter en syn kerlen as rigels,
En oan Sjoed Douwes en Jan Minnes en alle bodders yn opgong en
    delgong,
En oan 'e godlike, wrede, aljaande ierde.

1935

Today was a day!
I sat at the water's edge and felt the warm sun and the mild south wind.
I saw the reed stalks swaying softly to and fro
And I saw the midges dancing over the water.
I smelt a farmer's muck-heap and the remains of a silage stack.
The lads jumped with their fen-poles in the fields and the alders hung so
    full of catkins!
Behind me I heard the cars rush down the road and the hum of the
    bicycle tyres,
But also the rattling of a truck from Inglum or de Ryp.
I was a little afraid of a policeman but he let me be.

There are people who cannot rest on the ground;
They are too pure or spiritual for that.
Having come up from the ground they have grown to a higher sphere;
The sand, the infertile, is all they want to know.
But I crumble the mud-clods in my hands
And I'm reminded of the poet and his grains as lines,
And of Sjoerd Douwes and Jan Minnes and all toilers at sunrise and
    sunset,
And of the godly, cruel, all-providing earth.

Goethe die in reis nei Italië en Rilke nei Ruslân,
En as in oar minske kamen hja werom.
Ik haw op myn âlde dei nei Harns ta west;
In oar minske koe ik net wurde, mar ik haw stien op it heechste fan 'e
bolwurkstún –
In jonge matroas siet op in bank en twa âlde kapteins kuieren it paadsje
lâns.
Djip seach ik del op 'e skippen yn 'e stêdsgrêft en de beammen fan 'e
bûtensingel;
Ik rûkte de tarlucht en wol eat fan 'e see – en alheel deselde bin ik net
bleaun.
Ik haw de Noarderhaven sjoen en it Noardies; hoe rom wie it – en hoe
âld!
De platanen fan 'e Foarstrjitte wienen wat beknobbe, mar goed liken
gelokkich de nije.

Dit wie de earste stêd, dy't ik jong kennen haw;
Hjir kamen wy troch as wy mei Ypke nei Easterbierrum rieden,
En by Beitschat moasten wy oan.
De reade liuwen parearje noch by de brêge, mar Tsjerk Hiddes stiet as
nije stiennen man oan 'e havenkant.
Tsjerk Hiddes, Tromp, De Ruyter!
En wêrom hawwe hja de sifers 16 hûndert set op al dy moaie pakhuzen?
De haven leit ljocht en iepen mar op it havenplein hingje de swarte
manlju om.
As wy omkeare hearre wy de Ato oer de strjitten razen.
Hollân! de see! de see!

1935

98

Goethe made a journey to Italy and Rilke to Russia,
And they came back changed men.
I have been to Harns late in life;
I couldn't become a changed man, but I did stand high up on the rampart
    garden –
A young sailor sat on a bench and two old captains strolled along the
    path.
Deep down below I saw the ships on the town moat and the trees along
    the outer canal;
I smelt the tar, and something of the sea as well – and I didn't stay
    entirely unchanged.
I have seen the Noorderhaven and the Noordijs; how wide it was – and
    how old!
The planes of the Voorstraat were rather pollarded, but the new ones
    looked nicely smooth.

This was the first town I knew as a boy;
We came through here when we drove with Ypke to Easterbierrum,
And at Beitschat we stopped.
The red lions still adorn the bridge, but Tjerk Hiddes now stands on the
    quayside, the new stone man.
Tjerk Hiddes, Tromp, De Ruyter!
And why have they put the figures 16 hundred on all those fine warehouses?
The harbour lies light and open but the black fellows are hanging around
    the docks.
When we go back we hear the ATO roaring down the streets.
Holland! The sea! The sea!

Ik bin wat in stil en ienselvich persoan, mar dochs haw ik myn freonen
    wol.
It kin in kelner op in stasjon wêze of ien dy't syn wurk op 'e merk hat,
Of in oaren ien, dêr't ik wol ris in wurd mei wiksle haw.
Ek binne der waans libben tichter by my west hat;
Ik sjoch har sa daagliks net, mar earne bewarje ik in laits of de druk fan
    har hân
En soms komme dy my wer tefoaren.
Ek wol ris bewarje ik in wurd. Sa haw ik yn jonge tiid in âldre freon hân,
En nei mannich jier brocht myn paad my oan syn hûs en ik neamde syn
    namme;
`Myn P...' hearde ik him doe sizzen, en dy wurden haw ik bewarre.

Der is net sa folle foar nedich om freonen te hawwen;
Soms, as ik yn in doarpke oan 'e seekant kom, binne der lju dy't laitsje as
    hja my rinnen sjogge.
Dan tinke hja: dêr is dy rymker, dy't fan Klaas en Keimpe rime hat
En fan âld Oetske, fan wyldsjitters en fiskerlju;
En hja binne my wol genegen.
En no ek, sa't ik mar wat sleauwe dingen sis,
Kinn' der minsken wêze, dy't ik meinim, om't hja it libben sels fiele,
Net opmakke as in byld, mar sa't de siele it oanbringt.

1935

I'm a quiet, reserved sort of person, but still, I do have my friends.
As it might be a waiter at the station, or someone whose work is in the
    market,
Or another whom I've sometimes exchanged a word with.
There are also those whose lives have been closer to me;
I don't see them every day, but somewhere I've kept a laugh or the
    pressure of their hand
And sometimes they come back to my mind.
Now and then I also keep a word. For instance, when I was young I had
    an older friend,
And years later my path brought me to his door and I spoke his name;
'My dear P...' I heard him say, and I have kept those words.

It doesn't take that much to have friends;
Sometimes, when I visit a village on the coast, there are people who
    laugh when they see me walk by.
They think, there goes that verse writer who wrote about Klaas and Keimpe
And about old Oetske, about hunters and fishermen;
And they feel friendly towards me.
And now too, while I'm only making a few foolish remarks,
There may be people I carry along, since they feel life itself,
Not constructed like a picture, but as when the soul serves it up.

Noch in boek mei wat sangen; wat witnisspul
Ut âlde brief beskreaun?
Mear kin ik net wachtsje; de oere giet,
De dream is hast ferdreaun.

Fier oer de bergen it ljocht dat ea
Ut fergûne sinne blonk;
Troch de beammen in rûzjen fan ivichheid,
Dêr't al wat wie fersonk.

Ferstoarne geslachten' wêzens skyn
Stiet bûten tiid en stee.
De weagjende siele naam har op;
Sa jou dy oer oan de see.

1935

Another book of songs; a little lore
From a letter of long ago?
I cannot hope for more; time's at an end,
The dream has not far to go.

Beyond the mountains the light that once
Shone from a long past sun.
Through the trees a rustle of eternity
Where all that was has sunk.

The shade of generations past
From time and place is free.
The surging soul embraced them all;
So give yourself to the sea.

Wat fan it libben jout ús de dichtersman.
It mei wêze fan in âld-frankyske keningssoan of in spaansk
    matroazelodske,
Of faaks mar fan 'ons Henk' dy't yn 'e 'bieskoop' komt.
By my giet it faak wol oer frysk boerefolk;
– Yn 'e útlânen bin ik sa net thús en de bioskoop is my ek net hiem –.
Dan is it by jo gau ris in âldere frou, sa sei my in skriftekundich man,
Der moat in âld minske west hawwe, fan wa't jo in bult hâlden ha.
En, sis ik sels, it is ek wol ris ien dy't it libben net alhiel oan koe,
En is it net faker in wylden ien as in sedigen? – O, hja sille my wol
    fine!

Der binne dichters tsjinwurdich dy't in lúsjefersprikje en in koalsblêd
    beneame doare
En al it ûnnoazele dat de siele bewege kin.
Der binne, waam strekke net rym en mjitte ta goddelik prinsyp,
Mar it libben en syn sljochte wierhaftichheid.
Hja sille it folk net winne mei deastek en moannenacht en net is de hege
    skiente fan de inkelen har begryp.
Mar yn har sil gearkomme fan it wêzen fan alle wrâld.

1936

Something of life we get from the poetry-man.
It might be about an old-Frankish prince or a Spanish sailors' doxy,
Or perhaps just 'our Harry' out at 'the flicks'.
With me it's fairly often about Frisian farming people;
– I'm not that familiar with foreign parts, and don't know much about the
    cinema either –.
So with you it's frequently an older woman, said a literary man to me,
There must have been an old woman you loved very much.
And, I said, it's also now and then someone who couldn't quite cope with
    life.
And isn't that oftener a rake than a moral person? – Oh, they will find me
    out!

There are poets these days who dare to name matchsticks and cabbage-
    leaves,
And all the trifles that can stir the soul.
There are those who raise to a sacred rule not rhyme and metre,
But life and its simple truthfulness.
They won't win the people with death-thrust and moonlit night, nor is the
    high beauty of the few their guide,
But in them something will come together of the essence of all the world.

De bernetiids kost'le rykdom,
Herinnerjens swiete hûs,
Dat haw ik der aardich trochbrocht,
Mei freonfolk, yn dichters roes.

Dy herberch dêr op dykskrune,
Dêr gong ik sa jerne oan;
Fersette 'r myn heite terplân,
't Wie dochs mei my bestoarn!

En wat fan fiere âlden
Troch 't bloed my oankomd wie,
Dat joech ik wei oan eltsman,
Dêr't ik licht as freon oer stie.

No bin ik ta oan it libben,
It ynlikst sielsbestean;
Hâldt it net -- dan sil ik moatte
Yn it earmhûs te stjerren gean.

1936

Childhood's precious possessions,
The sweet house of memory,
I wasted in poet's ecstasy
And camaraderie.

In that little pub on the sea-dyke
I was of the company;
There I mortgaged my father's land;
After all, it would die with me!

And what my distant forebears
Had left me in the end
I gave away to anyone
I held to be a friend.

Now I am ready for life,
The essence of the soul;
If it's not enough – I must make
The poorhouse my last goal.

As ik opdroegen wurd sil der net – as by Slauerhoff – in jong feintsje fan
    fieren te gûlen stean
Om 't syn dichter fuortgong;
Ik bin de sjonger net foar in jong manminske, dy't it lân te lyts is of de
    wrâld te ûnrom.
De wrâld is my grut genôch; ik soe hast mei Fryslân ta kinne as hja dêr
    wat keareleftiger wienen;
Fan 'e tiid safolle as fan lânstreek besloech ik, en fier yn it fryske libben
    rinne myn woartels.
Mar de jonkheid smyt wei it ferline, en har ynlikst fielen sil ik net
    útdrukke kinne;
As ik jonge freonen hân haw, myn sangen binne har frjemd bleaun.

As ik te hôf brocht wurd hoecht der gjin ien te skriemen;
Ik bin net weinomd yn 'e opgong en de bloeiaard fan myn wêzen hat him
    wol iependien.
Mar as de klok begjint te lieden – sa riist it foar my op –
Soe der dochs net wat trilje kinne yn dy oare stompen en spitskes, sa't
    hja fier yn it rûn my kundich wienen?

Hear dy lange skraits fan Koarnwert ris – sil ien sizze – dat is foar dy
    soan fan Piter Obes,
En Penjum en Skraard en Allingawier hâlde strammer har âlde hollen,
Mar Wûns sjocht by him del nei âld master en Harmen Wiebes, en
    Skuzum en Piaam hawwe foar har tûzen goudbeljochte stûnen.
En as it wer stil is, en Koarnwert slacht de holle sa net mear,
Dan sil er sizze: by my is er weikomd en by my komt er wer.

1936

When I am borne to my grave there won't be – as for Slauerhoff – a
    young fellow at a distance, crying
Because his poet was dead;
I am not the poet for a young chap who thinks the country's too small or
    the world too cramped.
The world is big enough for me: I could almost make do with Friesland if
    the folk there were a bit bolder;
I have ranged wide in time as in my region, and my roots go deep in
    Frisian life.
But the young reject the past, and I cannot express their innermost
    feelings;
If I've had young friends, my verses remained strange to them.

When I am buried nobody need weep for me;
I have not been plucked down before my time, my being has been
    allowed its flowering.
But if the bell begins to toll – as I now imagine –
Might there not be something of a tremor in all those other towers and
    spires as I have known them, far around?

Just listen to Koarnwert's long spike – someone will say – that's for Piter
    Obes' son,
And Peinjum and Skraard and Allingawier hold their old heads stiffer,
But Wûns looks down on the old master and Harmen Wiebes, and
    Skuzum and Piaam see before them a thousand gold-lit hours.
And when it is silent again, and Koarnwert's head has stopped throbbing,
He will say: I am where he came from and I am where he has returned.

Ik soe sizze, Pier mei ik myn freon wol neame.

Dat is net fansels komd: Pier is in jonge kearel fan 22 jier,

In losse arbeider fan it havenplak; en ik bin in yntellektueel.

– 'Keamergelearde' hat men my wol neamd, – en 22 jier bin ik lang net
    mear.

Pier is net de earste de bêste; de swiere sekken mei stienkoal smyt er
    linich op 'e wein,

En by it sânladen giet syn skeppe efkes hurder hin-en-wer as in oar sinen.

Sneins, fan it keatsen, komt er wol ris mei in priis thús;

Dêr kinne wy oer prate as ik him ris te wurden kom.

Dochs giet syn fertrouwen wol fierder, oars soene wy gjin freonen hjitte
    meie.

Sa kin it wêze dat eat my bleau; en om't ik bin dy't ik wêze mei,

Kin it hjir ferskine as ljocht wjerfarren.

1937

I would say: I can call Pier my friend.
That didn't happen of its own accord: Pier is a young chap of 22,
A casual worker in the harbour place; and I am an intellectual.
– An 'armchair scholar', I've been called – and it's long ago that I was 22.
Pier is not just anyone; he pitches the heavy sacks of coal lithely into the
    truck,
And when loading sand his shovel moves back and forth a little faster
    than another's.
On Sundays after playing fives he sometimes brings home a prize.
That's something we can discuss if I should get talking with him.
But his trust goes further, or else we could not be called friends.
So it could be that something has stayed with me; and since I am who I
    may be
It can appear here as luminous experience.

Dyn antlit, sei 'k, is moaier as dyn blommen.
Dochs koft ik wol; hoe koe it oars hast rinne?
Hja duorren koart, mar doe hâlde ik noch oer
De knik, de glim, dy't ik der by mocht winne.

Dochs moat er witten ha; by 't earste moeten,
As 't each foarbygeand trof it jonge wêzen,
In effen bûgjen: tank foar loaitsjens huld'
Oan 't skiene? Ik wist net oars te lêzen.

Wie dit net sjongensstof foar stream sonnetten,
Faaks mei it strekke foar in pear kwatrinen;
Hja binn' net heech en haww' in rym te min,
Dochs drage hja eat fan in leaflik skinen.

1938

FLOWER-BOY

Your face, I said, is finer than your flowers,
But bought some – not to do so would be strange.
They were soon gone, but I could keep for good
The nod, the smile, he gave me with my change.

He knew it though; when, first encountering him,
My passing eye was held by his young glow
He bowed his head: acknowledging my frank
Tribute to beauty? I'm sure that it was so.

This stuff will hardly serve for a stream of sonnets,
But may do for a couple of quatrains;
They are not grand, lack a rhyme, and yet ensure
That something of a moment's charm remains.

Ik rin troch de stêd as in ûnbekinde.
Hja sizze net: sjoch dêr is de dichter fan it Fryske lân of soks eat;
En, dienen hja it al, ik soe dochs by har in ûnskuldich pielder bliuwe.
Ommers, jimm' witte, it is mei it frysk wat oars as mei in echte taal;
Sa kin ik my ûnbehindere yn it folk bejaan.

Mar sa ûnskuldich bin ik dochs net.
Ik sjoch myn folts goed oan en der is heel wat, dat foar myn eagen gjin
      stân hâlde kin;
En, al praat ik der sa net oer, ik haw dochs ek de groeden, dy't spyt dêr
      yn dreaun hat.
Dan, tink net dat ik oars bin as de dichters fan in grutter taal;
As hja neame wat de dichter bewege kin, moat dat ek it wêzen fan myn
      siele hjitte.
Sa giet ús reis net mei de blanke eagen en de kleare foarholle dêr it rêsten
      efter leit,
Mar ús binne wol de grûnen, en de tochten en de oergongen.

1939

I walk through the town as one unknown.
They don't say, look, there goes the poet of Friesland, or any such thing;
And even if they did, for them I would still be an innocent dabbler.
Since, as you know, it isn't quite the same with Frisian as with a real
    language;
So I can mingle with the people undisturbed.

But I am not all that innocent in fact.
I watch my people closely and there's a good deal that in my view cannot
    stay as it is;
And, though I don't talk much, I do also bear the scars that regret has
    left.
Besides, don't think I am different from the poets of a larger language;
When they name what may move the poet, this must also be the essence
    of my soul.
We do not journey, then, with the bright eyes and clear forehead behind
    which there is rest:
But ours are the depths and the streams and the passages.

De jongste fan de twa freonen sprekt:

Sterke, sjochsto hoe't ik yn dyn wêzen
My belibje, en dyn paden gean?
Hoe't ik as dyn skyldfeint nêst dy stean,
Sûnder spraak 't behoevjen wit te lêzen?

Sjoch my oan: ik draach as sier dyn wapen,
En dyn slachte-spreuke earje ik sa.
As dyn rieder sprek ik freonen ta,
Stranger as do sels hâld 'k each op frjemde knapen.

Ien kear, mei dyn earmen om my hinne,
– Boartsjen wie it – loekst my tsjin dy oan,
Hast my neamd dyn bêste soan;
Och, ik bin dyn heit en dyn slavinne.

1939

The younger of the two friends speaks:

Strong one, do you see how in your being
I find myself, and how I walk your way?
How I attend you as your loyal page,
And know your wishes though you do not say?

See me: I proudly wear your coat of arms,
Honouring thus your family device.
Stricter than you, I watch out for strange boys,
I mediate with friends and give advice.

Once, holding me in your embrace
– It was in play – you pulled me close to you,
Your dearest son, you called me then;
Ah, I'm your father, and your girl-slave too.

Ik sis net: heger as de piramide-bou,
En duorjender as koper sis ik net.
't Woechs út it flakke lân stil nei de sinne op
En 't is net sterker as de minskene hert.

Mar 't koe dochs wêze dat it dei en jier
Bewarre bleau en fûn in lústerjend ear.
De sinne hâldt syn ljochte himmelgong
En minske' hert syn wûnderlik begear.

It is myn lân, it is syn folts; in hûs;
In boereminske yn 't hôf; in hjerstejûn.
En siele hat – o dream yn simmerlân –
Yn ierdsk begean fan it tideleaze wûn.

It is in minske, iepener op dichters baan
As wenst wol ha woe, fij fan skuttend byld;
Hy jout him oer oan dy't ta 't libben giet,
In feint, in bern, en sûnder pols of skyld.

1939

I don't say 'higher than the pyramids',
Nor do I say 'more durable than brass.'
From flat land it grew gently towards the sun,
And is no stronger than the human heart.

And yet it could be that it was preserved
To find in other time a listening ear.
The sun maintains its light ascent to heaven,
The human heart its curious desire.

It is my land, it is its folk; a house;
A farmer's wife outside; end of an autumn day.
And so the soul – oh dream in summer-land –
On earthly ground has robbed eternity.

It is a man, as poet more direct
Than people liked, averse to cloudy word;
He gives himself to those who care for life,
A boy, a child, with neither shield nor sword.

Ik wit net, Master, ik wit it net...
Miskien soe ik it noch wol effen úthâlde, as ik gjin oare krupsje krige.
Ik soe dochs wol jûns wat sitte meie en de âlde bylden foar my oprize
    litte?
Ik soe dochs wol it jonge ferskinen fêsthâlde meie,
En wêzen en laits wer foar eagen bringe?
Faaks soe ik wol effen perbearje meie hoe't it klinkt as ik de wurden
    opsis?
En as ik sa yn tinzen wei de pinne opnaam en in pear rigels opskreau
Om my dan wer te betinken en troch te krassen en wer op 'e nij wat
    wurden te siikjen.
Dat soene Jo dochs gjin dichtsjen neame?

En as ik dan sa'n fers makke hie – want och, sa soe it neamd wurde
    kinne –
En ik liet it mar yn it skrift stean dat gjinien it witte koe,
Dan soe it ommers gjin dichtsjen hjitte;
En ik soe net dichtsje meie, en dochs in libben man wêze!

Mar sa'n fers wol nei de minsken ta,
Mei syn glâns, mei syn libben, mei syn sjongers-en-dûnsers-aard;
It wol mei yn 'e rige yn blomsierde parken,
En effen in glim jaan yn donkere keamerromt,
En soms wol it skrieme om droef ferlitten;
En as dat net mei...
– Mar it wie ommers mar sa'n frage!

1940

I don't know, Master, I don't know...
Perhaps I might manage for a while, if I had no other complaints.
I suppose I'd be allowed to sit awhile in the evening and let the old
    images float up in my mind?
I suppose I could hold the young presence firm in my mind,
And imagine its being and laughter?
Perhaps I could even try out how it would sound if I said the words
    aloud?
And if, deep in thought, I picked up my pen and wrote a couple of lines,
To change my mind then and cross them out and go on searching for
    words?
You wouldn't call that writing poems, would you?

And if I had written a poem like that – since that's what you might as
    well call it –
And just left it there in the notebook so nobody knew about it,
That surely couldn't be called writing poems;
And I wasn't allowed to write poems, yet was still to be a living man!

But a poem like that wants to go out to people,
With its shine, with its life, with its singers-and-dancers nature;
It wants to join the rows in blossoming gardens,
And send out a glitter through the indoor gloom,
And sometimes it wants to weep for bitter forsaking;
And if that's not allowed...
– But of course I was only asking!

Heit en mem libje yn ús ûnthâld.
Folk en freonen yn dizze kriten hawwe har noch yn wêzen.
Ta yn oare wrâlddielen binne der dy't har by har drage.
Mar nei dit geslacht sille hja ferstoarn wêze.

Yn de stiennen binne har nammen set.
Yn oare wurden, foar wa't lêze kin, is eat fan har wêzen skreaun.
Mar stiennen fergean en dy wurden sille fergetten wurde;
Nei in pear geslachten sille hja ferstoarn wêze.

Yn har slachte libbet har bloed en har geast.
Yn har wurk foar hûs en folk sil har diekrêft bestean bliuwe.
Mar dy bloedstream sil ferstruid wurde en dy opbou ferrinnewearre,
En minske' each sil it net mear fine kinne.

Mar wat west hat is wat oars as wat net west hat,
Bûten minskene net-witten en fertsjustering.
It moat stean bliuwe yn de Geast dy't it al belibbet;
Yn al syn fazen sil it behâlden bliuwe.

1940

Father and mother live in our memory.
People and friends in these parts can still see them just as they were.
Even in other continents there are those who carry them with them.
But after this generation they will be dead.

Their names are set in the stones.
In other words, for those who can read, something of their being is written.
But stones decay, and those words will be forgotten;
After a few generations they will be dead.

Their blood and spirit lives on in their family.
Their energy will live on in their work for home and people.
But that bloodstream will be diffused and what was built up destroyed,
And a human eye will no longer be able to trace it.

But what has been is not like that which has not been,
Beyond people's not-knowing and blindedness.
It must remain in the Spirit that in all things lives;
In all its phases it will be preserved.

Lang haw ik nei it arbeidershûs sjoen;
Hat ea in pleats my sa fêst hâlden?
Oan gjin dyk, oan gjin feart, stiet it midden yn 'e greide.
It sil in dûbeld hûs wêze, mei de skoarstien yn it midden foar beide
    keamers.
(Ik haw heard dat der in lyts bûthúske efter is.)
De muorren binne wyt, it dak is read, sa as dy âlde huzen wol binne.
Eigentlik hat it neat bysûnders; wêrom haw ik der sa lang nei sjen
    moatten?

Kin it wêze dat it keamersfinster seit:
'Ik sjoch de greide; ik bin de greide.
Ik fang it ljocht op, it west-noardwesterske ljocht: beam net, noch blom net;
Fang it op foar keamer en bedskut.
No sjoch ik de weinen mei gers troch de lânen kriemen: foar myn boer,
    foar syn boer;
Mar earstdeis net oars mear as de frachtauto's dy't de grutte wei lâns fleane,
De grutte wei fan de Wearen nei Wûns.'
En myn eagen siikje de Wearstal.

Foarhús en keamer en in lyts bûthúske,
Wyt en read en in skoarstien yn it midden.

1940

For a long time I've been looking at the labourer's house;
Did I ever stare so steadily at a farm?
Not on the dyke, not by the water, it stands in the middle of the meadow.
It'll be a two-roomed house, with the chimney in the middle for both
    rooms.
(I've been told there's a little cowshed at the back.)
The walls are white, the roof is red, the way these old houses are.
There's nothing special about it, in fact; why did I have to look at it so
    long?

Could it be that the window says:
'I see the meadow; I am the meadow.
I catch the light, the northwest-by-west light: no tree, and no flower;
Catch it for room and wainscot.
Now I see the carts carrying grass swing through the fields: for my
    farmer, for his farmer;
But pretty soon nothing but trucks racing along the main road,
The main road from the Wearen to Wûns.'
And my eyes seek the Wearstal.

Front room and backroom and a little cowshed,
White and red and a chimney in the middle.

Wêrom soe ik, bejierre man, it net bestean oer libben en dea mei wat
  reden te kommen,
En dan net beslipe nei rym en mjitte, mar sa't de siele it foar jin stelt?
De dea sprekt my ta yn de frjemde mannichten fan Ruslân, mar ek yn de
  inkelen, dy't myn jonkheid kennen hat.
Hjoed is it in joadsk hearke, dy't jinsen yn jonge tiid myn freon hjitte
  koe,
Juster wie it in boereman, dy't ik wend wie noch sa deis te begroetsjen,
  as er yn ús stêd syn kuier makke;
En it hat ek wol in miich west, dy't ier nei in oar wrâlddiel ferfoer.
Hja hawwe har libben ôfmakke en binne ús foargûn de swierste fan alle
  wegen lâns;
Har stik stiet beskreaun yn syn opgong en delgong as yn in boek opsteld
  fan it Al-begripen.
En myn eigen libben sjoch ik oan, dêr't de lêste siden yn ûntbrekke (as
  de eindichste étappe fan in safolle-steaten-tocht).
Ik lit de blêden troch myn hannen glide en freugden en eangstmen gean
  my wer as bylden foarby.
Dan ferskynt my de filosoof, dy't ik sa faken seach mei syn heech, wat
  houten stal en syn losse mantel;
En ik hear wer de wurden fan in godbeleard man oer syn lêste dagen:
  hoe't er folle frede hie, al wie er dan monist.
Mar wêrom soe der gjin frede wêze, as it iene wêzensbegjinsel opnomd
  wurdt yn it alomfetsjende lyksoartige?
– Haw ik dy frede? Sil ik dy frede hawwe? Haw ik de ierde net te leaf?
O de waarme sinne fan dizze winterdei! O it ûntsachlike dat om ús hinne
  is!

1941

Why shouldn't I, an old man, venture to devote a word or two to life and
    death?
Not polished ones in rhyme and metre, but as the soul brings them before
    me?
Death addresses me through the strange multitudes of Russia, but also
    through the few I knew as a young man.
Today it's a Jewish gentleman who you might say was a friend of mine in
    my youth,
Yesterday it was a farmer whom I used to greet each day when he
    strolled around our town;
And it has also been a blood-relation who travelled away to another
    continent when young.
They have completed their lives and gone before us along the hardest of
    all roads;
Their story is told in its rising and falling, as in a book compiled by the
    All-understanding.
And I witness my own life, its final pages lacking (like the last stage of a
    tour through umpteen states).
I let the pages slip through my fingers and joys and fears go past me
    again as images.
Then before me appears the philosopher, whom I so often saw with his
    long, rather awkward figure and his loose cape;
And I hear again the words of a learned theologian about his own last
    days: how he knew perfect peace, although he was a monist.
But why should there be no peace when one principle of being is
    absorbed in the all-embracing homogeneous?
– Have I that peace? Shall I have that peace? Do I not love the earth too
    much?
Oh the warmth of this winter's day! Oh the immensity that is around us!

O heit en mem, de reis is net ferlern;
Ik haw myn part wol hân fan leaflik' ierd,
Fan ljochte wolkens op har suver paad,
Fan sêft ferweegjen fan it speegljend wiet.

Jimm' haww' my jûn fan eigen goed bestean,
Sa hie ik rjochtlik plak yn opgongs tiid;
In bern dat oefte naam út eltse tsjilk
En ta al libbens bûnte driuwen bliid.

Soms tink ik wol: dat is net heite styl;
Dat is net memme leafdekleare dwaan;
Mar ta de stam kaam fierste libbensdrift
En eltse ljochte knop hat nij ûntjaan.

Wat op him sels, mar net ôfwêzich dochs;
In libben minske mear as man of frou;
Foar alles iepen: fan de geast berierd,
Mar djip yn 't earste ierdsk begearen trou.

No is 't safier, it lichem is betard,
De siele hat net 't âld fermogen mear;
En wat der wêze moast freugd fan myn jeld,
Dat kin ik – ûnloks tiid – net reedzje nei begear.

De tiden binne grut fan moed en krêft,
Mar ek fan ramp en flok. Wat d' ierde bûn
As elemint wurdt striel dy 't foltsen slacht.
Is dit it ein? Wa hoedet d' âlde grûn?

Oh father, mother, the journey was worthwhile;
Of lovely earth I have enjoyed my portion,
Of airy cloudbanks on their limpid way,
Of mirroring water in its gentle motion.

I benefited much from your good life,
In the rising tide I had my place by right;
A child that helped himself from every cup
And in life's glow and bustle took delight.

Sometimes I think, that is not father's style;
That is not mother's way, so kind and pure;
But to the stem came distant will to live –
And every bud must put out its own flower.

A little separate yet not cut off;
Not so much man or woman as live being;
Open to all things, by the spirit moved,
But deeply true to primal earthly longing.

The time has come, the body is used up,
The spirit has lost what it once had of power;
And what should be the joy of my old age
I cannot – evil time – achieve as I desire.

These are great times of bravery and strength,
But cursed and terrible too. What the earth bound
As element becomes mass-murdering ray.
Is this the end? Who guards the ancient ground?

De leaflikens fan ierde, loft en see
In dream, as oare, dichters tabetocht;
Of riist der noch, yn wramen sûnder ein,
De libb'ne siele eat fan duorjend ljocht?

1945

The loveliness of earth and sky and sea
A dream, like others, for the poet to write;
Or will there still, in toiling without end,
Rise for the living soul enduring light?

Dit moast no myn lêste dicht wêze.
Net mei ljurkesang en bloei fan hagedoarn – dat kin elts wol – moast ik
    fuortgean,
Mar mei it needrichste fan de greide, as ien dy't de ierde belibbe hat.

Fuorgen en sleatswâlen jouwe oan it fryske lân syn stal;
Nei de fuorgen bûge de ikkers har ta, nei de sleatten de gewinten.
Yn 'e fuorgen hast freugdich it streamke sjoen as it muormljend it lege
    siket;
Yn 'e wâlen hast diken en havens boud yn dyn lustich wrotterslibben.
Mar dan wer de sleatten yn blanke skyn, wiidút, yn 'e donkere lânen.

Op 'e sleatswâl siet Rembrandt doe't er Diemen úttekenje woe,
En ik hie der myn stee om de wein mei melkersfolk de lânen út riden te sjen.
De wein rattelt oer de reed de efterútse lânen yn;
Fierder, al fierder! Wat bochtet dy wei! Sille hja in libbenstiid troch ride?
– Mar dan sjoch ik Durk Ottes, dy't ik wol kennen haw, en Ljubbe fan
    1300 út it skiere opkommen...

'It sil bestean', sizze hja, mar wêr is de terp fan Durk Ottes bleaun, en it
    hûs en al it wêzen?
De grûn is dochs it fêste dat bliuwe moat!
'En do mei dyn fuorgen en sleatswâlen, wêr sille hja keare as de
    produksjekosten omleech moatte?'
En, sis ik sels, as de kolchozen komme?
En as der misdiedigers ferskine dy't hele foltsen oerplantsje wolle,
– Of oars mar fuortdwaan lyk as Durk Ottes Akke har túntsje?
O, allinne yn de Geast kin eat behâlden bliuwe!

1948

Now this should be my last poem.
I should not depart with larksong and hawthorn blossom – anyone can do
    that –
But with the humblest things of the field, as a man who has known the earth.

Trenches and ditch-banks give the Frisian land its form;
To the trenches the cornfields bend, to the ditches the meadows.
In the trenches you have happily watched the gurgling trickle seek the
    lower ground;
On their banks you have built dykes and harbours in your life of vigorous
    labour.
But then again the ditches in clear light, spread out, in the dark fields.

The ditch-bank was where Rembrandt sat when he wanted to draw
    Diemen.
And I had my place there to watch the milkers driving through the fields
    in their cart.
The cart rattles along the path into the further off fields;
Further, still further! How that road twists! Will they drive on for a lifetime?
– But then I see Durk Ottes, whom in fact I knew, and Ljubbe of 1300
    rising out of the mist...

'It lives on', they say, but where has Durk Ottes' mound gone, and the
    house and all that there was?
The ground is surely the fixed thing that must remain!
'And you with your trenches and ditch-banks, where will they go if
    production costs have to be cut?'
And, I say it myself, if the collective farms come?
And if criminals emerge who want to transplant whole peoples,
– Or else just do away with them like Durk Ottes with Akke's garden?
Oh, only in the Spirit can things be preserved!

133

De sinne en de klaver, dat is ommers al
Wat minske hawwe moat fan himmel en fan ierd;
De waarme gloed, it ljocht: in himmelfal,
En 't libben út de grûn omhegens fierd!

O groede-suster, ierde-mem, god-ljocht,
(It is dochs mear as heit? Dy sloech ik oer
Yn 't wrâldbestel sa't ik it foar my brocht.)
O ljochte trits fan 't goed dat my wjerfoer!

Sa rûn ik dêr, in dierke yn Gods wrâld,
In bern allyk dat wit fan tsjoed noch from;
It nimt de oefte oan fan 't albewâld,
En hat de free en sjocht nei wet net om.

– Mar haw ik ek net kwea it kweade sein,
It goede goed? Haw 'k net de wet betocht?
En as sok heidens moarnskoft is fertein,
Haw 'k moedich net nei heger wiisheid socht?

[1948]

134

The sunlight and the clover must be all
A human being needs from earth and sky;
The warming glow, the light, heaven-windfall,
And life that from the green field climbs up high!

Oh mother-earth, growth-sister and god-light,
(More, surely, than father? He had no place
In the scheme of things that took shape in my sight.)
Light triad of the good on my life's way!

So there I went, a small beast in God's world,
A child, to virtue and to evil blind,
Taking for granted his part of the All,
Ignoring law, in perfect peace of mind.

Yet I called evil evil, and good good,
Did I not? Have I not kept the law?
And once that pagan morning hour was past,
Wasn't higher wisdom what I've striven for?

Al myn libbens freugden sitte yn de prunusbeam mei in inkeld giel blêd
    dat trillet,
Yn de wolkens dy't út it suden it loftrom lâns skowe,
Yn de blommen fan de attinsje dêr't de sinne op skynt:
It is de ljochtskyn fan it wetter dat yn de leie stiet,
De tyljens geur fan de rûchskerne yn it foarjier,
It sjongende lûd fan de rotgânzen op de waad.

Mar it is ek memme fleurige jonkheid sa't hja meiïnoar yn de
    moanneskyn de opfeart del ride,
It is heite bliidskip as er yn de poëzij fan de dichters syn leafde belibbet,
It is pake' en beppe' ljochte útgong as hja hân by hân de jonge maitiid yn
    'e mjitte gean.

O, en faaks is it eat fan de dream fan de fromme
As er de ingels har blanke wjokken iepen tearen sjocht.

[1951]

136

All the delights of my life are in the flowering cherry with a single
    yellow leaf that is trembling,
In the clouds pushing up from the south across the sky,
In the flowers of the hydrangea catching the sunlight:
It is the light-glimmer of the water in the gully,
The opulent smell of the dungheap in the springtime,
The singsong cry of the brent geese on the flats.

But it's also Mother's carefree youth the way they skate together down
    the canal in the moonlight,
It's Father's joy when the works of the poets lift up his spirits,
It's the light happiness of Grandpa and Grandma when they go to meet
    the young spring hand in hand.

Oh, and perhaps it's something of the dream of the pious
When they see the angels unfold their white wings.

Hjoed haw ik wat fan it oer-bestean fan de fryske boereman sjoen!
Ik siet yn 'e fuorge en de kopkes fan de bûterblommen seach ik sêft hin-
en-wer weevjen.
Dêr oerhinne seach ik in man dy't gers byinoar harke,
Stadich rint er foarút, it strinkje lâns;
Dan komt der in hynder-en-wein oan, al mei wat gers dêr op;
In man mei in foarke nimt gers fan it strinkje en stekt it op – op 'e wein;
Ider kear sjoch ik de plokken út de loft op 'e wein fallen;
It hynder slacht mei de sturt.

O jimme 'dichter-generaasjes', foar-en-nei-oarloggers,
O jimme besprekkers dy't mei magyske keunst oerwinne wolle,
Wat sizze jimme fan dizze libbens-ode?
Fleantugen raze oer my hinne en fine wylgeplúskes sweve by my lâns.
Fryslân! De wrâld!

[1951]

138

Today I saw something of the primeval life of the Frisian peasant!
I sat in the gully and saw the heads of the buttercups gently rocking to
    and fro.
There up above I saw a man raking grass together,
He slowly advances, along the mown strip;
Then a horse and cart arrives, already bearing some grass;
A man with a pitchfork lifts grass from the strip and piles it on – on the cart;
Each time I see the bunches fall from the air to the cart;
The horse swishes its tail.

Oh you 'generations of poets', pre- and post-war,
Oh you critics who aim to triumph with your magic art,
What do you say to this ode to life?
Aeroplanes roar above me and delicate willow-fluff floats past.
Friesland! The world!

't Hat west, it is; it stiet beskreaun
En heart ta wrâlds bestean,
't Is by it grutte barren komd
En kin net mear fergean.

Wy drage it mei yn ús ûnthâld
In libben barrens stik,
Mar fêster wierheid hat it wûn
Yn ivichheids beskik.

O freonen dy't myn jonkheid hie,
O mienskip my sa nei!
Fergûn, ferstoarn? Mar heger geast
Hat it yn ljochte dei.

[1951]

It was, it is; it's written down;
Part of infinity,
It's merged into the great event
And cannot cease to be.

We bear it in our memory,
A piece of the living play,
But it has won a firmer truth
In everlasting day.

You friends who were mine when I was young,
You folk to me so dear!
Dissolved, dispersed? A higher mind
Keeps you in daylight clear.